*Educar em Direitos Humanos
e formar para cidadania
no Ensino Fundamental*

Dados Internacionais de Catalogação na Publicação (CIP)
(Câmara Brasileira do Livro, SP, Brasil)

Marinho, Genilson
 Educar em direitos humanos e formar para cidadania no ensino fundamental / Genilson Marinho. — São Paulo : Cortez, 2012. — (Coleção educação em direitos humanos ; v. 1)

 ISBN 978-85-249-1989-3

 1. Cidadania 2. Educação de Jovens e Adultos 3. Educação em direitos humanos 4. Educação inclusiva 5. Prática de ensino 6. Professores — Formação I. Título. II. Série.

12-12209   CDD-372.832

Índices para catálogo sistemático:

1. Educação em direitos humanos : Cidadania :
    Ensino fundamental   372.832

Genilson Marinho

Educar em Direitos Humanos e formar para cidadania no Ensino Fundamental

1ª edição

2012

EDUCAR EM DIREITOS HUMANOS E FORMAR PARA CIDADANIA NO ENSINO FUNDAMENTAL
Genilson Marinho

Capa: Ramos Estúdio
Preparação de texto: Jaci Dantas
Revisão: Maria de Lourdes de Almeida
Composição: Linea Editora Ltda.
Coordenação editorial: Danilo A. Q. Morales

Nenhuma parte desta obra pode ser reproduzida ou duplicada sem autorização expressa do autor e do editor.

© 2012 by Autor

Direitos para esta edição
CORTEZ EDITORA
Rua Monte Alegre, 1.074 — Perdizes
05014-001 — São Paulo — SP
Tel.: (11) 3864-0111   Fax: (11) 3864-4290
e-mail: cortez@cortezeditora.com.br
www.cortezeditora.com.br

Impresso no Brasil — outubro de 2012

Há pessoas que marcam, indelevelmente, nossa formação intelectual. Cada um a seu modo, marcaram a minha maneira de encarar o mundo e fazer educação. Minha esposa Vera, meus filhos Gustavo, Anna e Blanca e amigos(as).

SUMÁRIO

Apresentação da Coleção 9

Introdução 13

1ª Parte A dimensão histórica dos direitos humanos e o papel da educação

1. Direitos Humanos: afirmação histórica, permanente e coletiva. 23
2. As diretrizes curriculares da Educação em Direitos Humanos, cidadania e a valorização da diversidade na escola. 35

2ª Parte O Ensino Fundamental e a construção da cidadania

1. Direitos humanos e a concepção da criança e do(a) adolescente como sujeitos de direitos 59
2. O ensino fundamental — anos finais e a Educação em Direitos Humanos: o caminho para a construção da cidadania ativa 64

3ª Parte Discutindo e trabalhando os direitos humanos no Ensino Fundamental — anos finais

1. Interdisciplinaridade, transversalidade na prática pedagógica da Educação em Direitos Humanos 95
2. A cidadania ambiental na prática da Educação em Direitos Humanos... 99
3. O estudo do local e meio ambiente na construção da Educação em Direitos Humanos 109
4. Mídia e cultura infantojuvenil: a prática da Educação em Direitos Humanos incorporando novas linguagens ... 120

Considerações finais 131

Estação do(a) professor(a)... 137

Cinedica 139
Webdica.. 141

Referências... 145

APRESENTAÇÃO DA COLEÇÃO

A Coleção *Educação em Direitos Humanos* tem como objetivos estimular a reflexão e apreensão de conhecimentos teórico-metodológicos sobre os Direitos Humanos; contribuir para a integração de temáticas emergentes nos planos institucionais, projetos, programas, planos de curso e na prática pedagógica dos(as) profissionais das diferentes áreas do conhecimento, níveis e modalidades de ensino, com vista a promover a cultura dos direitos humanos e a formação da cidadania ativa. Essa cidadania é entendida como a concretização dos direitos assegurados, o exercício para a garantia de novos direitos, reivindicação e reclamação de direitos violados.

Nessa perspectiva, a Coleção vem atender a uma área de conhecimento ainda inicial, no Brasil e na América Latina, de forma a subsidiar a elaboração de políticas públicas, produção de materiais didáticos e a formação de estudantes e profissionais das diversas áreas de conhecimento, e de educadores(as) sociais.

No Brasil, historicamente, a Educação em Direitos Humanos (EDH) é uma prática recente, até porque os percursos de construção da sociedade brasileira foram permeados por longos períodos de escravidão, e de regimes políticos alternados por ditaduras, com destaque para as décadas de 1960, 1970 e início dos anos 1980. Nessas décadas, o Brasil vivenciou um dos períodos mais cruéis da sua história, com a instalação do Governo da Ditadura em 1964, produzindo culturas e práticas antidemocráticas, de desrespeito e violações dos direitos, comportamentos preconceituosos, discriminatórios, torturas, assassinatos e desaparecimentos das pessoas na justificativa da defesa do regime ditatorial.

Além desses aspectos, temos uma sociedade com cultura de violências relacionadas, principalmente, a questões de: gênero, raça, etnia, geracional, nível socioeconômico, opção religiosa e política, diversidade sexual e pessoas com deficiência. São comportamentos que permeiam as nossas subjetividades, isto é, as nossas formas de ser, pensar, agir, e muitas vezes são apreendidos sem que tenhamos a consciência dos seus significados e das suas implicações.

No entanto, compreendemos como Nelson Mandela (1994) que: "[...] ninguém nasce odiando outra pessoa pela cor da sua pele, por sua origem ou ainda por sua religião. Para odiar, as pessoas precisam aprender; e, se podem aprender a odiar, podem ser ensinadas a amar". É esse o grande papel e desafio da educação orientada para defesa dos direitos humanos: **Promover uma Educação com respeito integral aos direitos de todas as pessoas e uma formação cidadã, em que elas possam ser agentes e atores do projeto de uma sociedade livre, igualitária, solidária e socialmente justa — uma sociedade, de fato, democrática, fundamentada nos pilares da igualdade de direitos e na liberdade.**

Uma das tarefas da educação nessa perspectiva é fortalecer o Estado Democrático de Direito, de acordo com a Constituição brasileira (1988), e, ao mesmo tempo, dar suporte à implantação das diversas leis, pareceres e resoluções que foram elaborados com a participação da sociedade civil organizada, nos últimos anos, que têm um direcionamento para a concretização dos direitos.

Para isso é necessário que as pessoas conheçam os direitos individuais e coletivos, os deveres e, principalmente, se reconheçam como sujeitos de direitos, atuantes na sociedade. É fundamental a formulação de políticas públicas nos sistemas de ensino em que a Educação em Direitos Humanos seja compreendida como eixo norteador e transversal dos Projetos Pedagógicos Institucionais, e se materializem no currículo escolar. O currículo, além dos componentes curriculares definidos oficialmente, deve abranger temáticas que atendam à diversidade que a sociedade exige, nas diferentes especificidades da educação: ambiental, sexual, quilombola, indígena, afro-brasileira, do campo, religiosa, musical, geracional, para pessoas com deficiência, tecnológica e midiática, entre outras.

Assim, esta Coleção visa atender a essas demandas da sociedade, abordando temáticas específicas de Direitos Humanos que se complementam e se intercruzam com a educação. Os títulos de autoria de especialistas com formação acadêmica e militância política nos ajudam a compreender e trabalhar os conhecimentos teórico-metodológicos da área de Direitos Humanos nas instituições educativas.

Nessa perspectiva, esperamos que a Coleção *Educação em Direitos Humanos* contribua para a definição, a elaboração de políticas públicas e a concretização de práticas pedagógicas com foco na formação de uma cultura de respeito integral aos direitos humanos, na cidadania ativa e no fortalecimento da democracia.

Aida Monteiro
Coordenadora da Coleção

INTRODUÇÃO

> "Não estou fazendo esta maravilhosa viagem com o propósito de me iludir, mas sim de me conhecer melhor a partir dos objetos que vejo".
>
> GOETHE

Este livro, Educar em Direitos Humanos e Formar para Cidadania no Ensino Fundamental parte integrante da Coleção Educação em Direitos Humanos, diz respeito a uma das tarefas definidas pela legislação educacional como básica: **a formação para a cidadania**. Compete à instituição escolar, por meio de seus(suas) profissionais, promover o estabelecimento de vínculos entre a realidade vivenciada pelo(a) estudante no contexto extra-escolar e o espaço da escola, bem como propiciar a construção de um diálogo entre os anseios da família e da comunidade com relação à formação dos(as) estudantes e as propostas institucionais.

Entretanto, percebemos que tal tarefa requer um olhar para as políticas públicas de gestão educacional, tendo em vista que não é possível pensarmos em formação para a cidadania sem um entendimento profundo desse conceito.

A Constituição Brasileira de 1988 ressalta o aspecto humanizador da educação, ao destacar como objetivo a inserção do indivíduo na sociedade, propiciando a todos(as) e cada um(a) em particular, sem nenhum tipo de discriminação, a formação para cidadania e para o mundo trabalho.

Mas, a educação não objetiva apenas socializar e informar o ser humano, deve contribuir para mudar a sociedade como um todo. Em outros termos, o projeto educativo compromissado com a emancipação humana e a transformação social.

Nesse sentido, refletir sobre a viabilidade de trabalhar com estudantes dos Anos Finais do Ensino Fundamental a Educação em Direitos Humanos, é desafiador e interessante.

As opções teórico-metodológicas feitas nesse livro são resultado das reflexões acumuladas ao longo do percurso histórico, como professor e gestor público,.

Assim, os estudos, as discussões e posicionamentos frente às políticas públicas e legislações pertinentes possibilitaram a compreensão e posicionamento sobre políticas educacionais e princípios legais de universalização do direito à educação, e dos entraves para a sua efetivação, sempre associados às discussões sobre concepções de Estado e sociedade.

Acreditamos que elucidar "o local de onde se fala" possibilita ao(a) leitor(a) compreender as opções teóricas e metodológicas assumidas neste livro. O nosso percurso tem início durante o curso de graduação, momento de envolvimento com o Movimento Estudantil em defesa dos direitos sociais, principalmente, da Educação Pública e se estende pelas lutas em defesa de uma educação com qualidade social para todos(as), na perspectiva da democratização do ensino.

Nesse sentido, como produto de longos anos de militância e atuação profissional, é fundamental deixar claro que não trilhamos o percurso sozinhos. O livro é produto coletivo que transcende o plano do individuo. Muito dele foi gestado a partir das discussões e leituras ao longo do percurso exposto.

As vivências evidenciaram ser o processo de formulação de políticas públicas descontínuo: há avanços e retrocessos, apoios e barreiras, e também há um grau de imprevisibilidade a ser considerado. Há distintas correlações de forças, estruturas políticas e de gestão, assim como tempos muito peculiares, seja entre gestores(as), entre estes e militantes, o que facilita, e facilitou a interlocução entre os mesmos.

Em função das reflexões e inquietações acumuladas ao longo do percurso descrito acima, algumas questões impõem-se como prioridade a este trabalho. **A implantação das Diretrizes Nacionais para a Educação em Direitos Humanos (BRASIL, CNE, 2012) no currículo do Ensino Fundamental Anos Finais colabora, de fato, com a formação para a cidadania ativa? A Educação em Direitos Humanos (EDH) como componente curricular dinamiza a participação da comunidade escolar? É um mecanismo que estimula a cidadania ativa? A EDH propicia a consciência cidadã e fortalece a democracia no espaço escolar?**

Essas são questões centrais neste livro e propostas com o intuito de provocar reflexões e inspirações, pois o caminho do conhecimento é difícil, mas ao mesmo tempo desafiador, enquanto processo que não se pode prever no todo. Não podemos negar que o mesmo foi gestado no bojo das contradições apresentadas pela EDH; produto de inquietações e diálogos com a contemporaneidade, auxiliando na elaboração de propostas e na busca das respostas nem sempre, postas a contento.

Assim, o livro está dividido em três partes: a 1ª parte — **A dimensão histórica dos Direitos Humanos e o papel transformador da educação**, subdivide-se em Direitos Humanos: afirmação histórica, permanente e coletiva e as Diretrizes Curriculares da Educação em Direitos Humanos, cidadania e a valorização da diversidade na escola. 2ª Parte — **Ensino Fundamental e a Construção da Cidadania**, subdividido em Direitos humanos e a concepção da criança e do(a) adolescente como sujeitos de direitos e o Ensino Fundamental Anos Finais e a Educação em Direitos Humanos: o caminho para construção da cidadania ativa. A 3ª Parte — **Discutindo e trabalhando os Direitos Humanos no ensino fundamental — anos finais**, trata dos tópicos: a Interdisciplinaridade, transversalidade na prática pedagógica do ensino de Educação em Direitos Humanos; A cidadania ambiental na prática da EDH; O estudo do local e meio ambiente na construção da Educação em Direitos Humanos; Mídia e cultura infanto juvenil: a prática da EDH incorporando novas linguagens.

A primeira parte tem como objeto de estudo o desenvolvimento histórico dos direitos humanos, bem como os principais marcos que contribuíram para a sua importância na atualidade. Segundo Benevides (2004), os direitos humanos são universais, naturais e ao mesmo tempo históricos. São naturais e universais porque vinculados à natureza humana, mas são históricos no sentido de que mudaram ao longo do tempo num mesmo país e o seu reconhecimento é diferente em países distintos, em um mesmo tempo. Benevides (2004) discorre sobre as três dimensões (ou gerações) em que o conjunto de direitos humanos é classificado: 1) a dimensão das liberdades individuais ou os chamados direitos civis; 2) a dimensão dos direitos sociais; 3) a dimensão dos direitos coletivos da humanidade.

Para Weis (1994), não é possível precisar o momento de nascimento dos diversos grupos de direitos — se as gerações induzem à ideia de sucessão — quando a realidade histórica aponta para a concomitância do surgimento de textos, alertando, ainda, para o descompasso entre o direito interno dos países e o direito internacional. O autor sugere, inclusive, substituir a expressão "geração" por "dimensão", visto que, nos direitos humanos, se desenvolve um processo de caráter cumulativo e indissociável.

Ainda, na primeira parte, realizamos reflexões críticas sobre a motivação política que fundamenta as recentes reformas no sistema de ensino brasileiro e, nesse contexto, o Parecer das Diretrizes Nacionais para a Educação em Direitos Humanos (BRASIL, CNE, 2012).

Ao contrário de propor uma definição de natureza absoluta e definitiva, apresentamos as bases teóricas e práticas dos pressupostos conceituais da EDH, bem como sua trajetória e afirmação histórica em âmbito nacional e internacional, não se limitando a uma conceitualização abstrata e generalizada, mas abordando a questão sob uma perspectiva de caráter histórico-crítico.

Também na 1ª parte buscamos apresentar a Educação em Direitos Humanos, sua relevância, seus objetivos e métodos, abordando, dentro de uma perspectiva social e histórica, a questão dos direitos das mulheres e de como a educação escolar, e mais especificadamente as disciplinas, podem ser repensadas a partir de suas práticas de ensino e aprendizagem, a fim de posicionar-se frente a real necessidade de enfrentamento do sexismo, racismo e demais preconceitos.

A 2ª Parte do livro abarca a história das políticas infanto juvenis no Brasil, considerando o conjunto das relações sociais, políticas, econômicas e ideológicas, historicamente construídas no âmbito da sociedade e do Estado.

Assim sendo, é traçado o percurso histórico a respeito do arcabouço legal dos direitos de crianças e adolescentes na história mais recente do país. A análise desse panorama do atendimento a crianças e adolescentes pretende revelar como e porque essa parcela da população, principalmente os mais pobres, foi classificada e categorizada ao longo do tempo.

Dessa maneira, o nosso objetivo nesta 2ª Parte é mostrar a complexidade que está por trás do aparente consenso em torno do entendimento do termo cidadania nas recentes reformas no sistema de ensino brasileiro e problematizar possíveis visões para pensar em educação para o exercício da cidadania, em conformidade com os pressupostos da Educação em Direitos Humanos.

Com esse intuito, discute-se o grande desafio da EDH diante da perspectiva utilitarista neoliberal, onde a educação foi reduzida a soluções de natureza técnica, com forte tendência economicista e de gestão empresarial.

Como fazer uma educação comprometida com a formação da cidadania ativa, visando estabelecer relações democráticas na escola em defesa dos direitos humanos, dando-lhe condição de ser um espaço a serviço da cidadania e da mudança social?

Sob essa perspectiva, esperamos contribuir para a prática da EDH, em um momento privilegiado em que a igualdade cruza com a equidade, as Diretrizes Curriculares para o Ensino Fundamental de Nove Anos e as Diretrizes Nacionais para a EDH asseguram o desenvolvimento de temas político-sociais, dando abertura às escolas para trabalharem conteúdos socialmente relevantes de acordo com suas propostas pedagógicas.

A 3ª Parte esta reservada a reflexões e problematizações favorecedoras de uma prática educativa compromissada com a construção de uma sociedade justa, equitativa e democrática.

Considerando a relevância das questões teórico-metodológicas necessárias à implantação e discussão do tratamento a ser dado à prática da EDH, em confronto com outras perspectivas, e as possibilidades a respeito da interdisciplinaridade, transdisciplinaridade, pluridisciplinaridade e da transversalidade, na forma como são sugeridas pelo documento das Diretrizes Nacionais para a EDH, procurou-se oportunizar reflexões indicadas para dimensão operacional do Ensino Fundamental Anos Finais.

Tendo em vista o papel do trabalho educativo, é necessário compreender esta discussão na tentativa de fornecer fundamentos e subsídios para a EDH, possibilitando ao(a) professor(a) a superação de uma compreensão fragmentária, incoerente, desarticulada e simplista.

Conforme Kosik (1976) a realidade ou a essência do fenômeno não se apresenta de modo imediato ao Homem, mas apenas de modo mediato, isto é, por meio da investigação e da elucidação das relações existentes entre a essência e o fenômeno, entre o todo e as partes.

Para isso, o estudo do local será abordado por meio do currículo integrado possibilitando a compreensão da realidade enquanto uma dimensão complexa, a qual estimula o sentido de pertencimento, a ponto de favorecer a construção de sociedades mais justas, dentro de uma perspectiva emancipatória.

Nesse sentido, o propósito de um olhar interdisciplinar e crítico sobre os direitos humanos tornam-se indiscutível e necessário. A interligação entre Direitos Humanos e o Direito ao Meio Ambiente. Procurou-se refletir sobre a atividade da educação ambiental como uma ferramenta didática na prática da EDH, descrevendo, resumidamente, alguns passos metodológicos, fornecendo subsídios para uma educação crítica e comprometida com o empoderamento dos(as) jovens. Este desafio se põe hoje para a educação e especificamente para a escola, levando-a a assumir a pesquisa como seu modo de educar.

Sem o entendimento de que os conceitos são construídos e mediados pelos contextos sociais nos quais emergem e obtêm seus limites, contradições e potencialidades, não é possível refletir sobre a práxis de Educação em direitos humanos e cidadania ambiental crítica.

Assim, ao pensarmos a relação entre aquisição/produção de conhecimentos na atualidade, não podemos ignorar a ação dos *médias,* já que estes têm ocupado papel significativo no processo de subjetivação e nas novas formas de sociabilidade.

Em geral, busca-se pensar as mídias como linguagens tecnológicas que precisam ser apropriadas pelos sujeitos, do mesmo modo, salienta-se o aspecto didático-pedagógico: tecnologia enquanto facilitadora de socialização de conteúdo e como suporte pedagógico para o trabalho em EDH.

Deste ponto de vista, hip hop, rap, grafite, internet, blogs, fotologs, páginas pessoais, programas televisivos, revistas e *sites* apresentam propostas pedagógicas, e sugerem que as mesmas podem realizar uma aproximação entre a EDH e os(as) jovens.

Sem dúvida, termos como educomunicação e mídiativa apresentam um leque de ideias e iniciativas que visam possibilitar aos(as) jovens não só a apropriação dos conteúdos escolares, mas também a construção da cidadania ativa frente às novas tecnologias de comunicação.

Por último, temos as considerações finais e uma parte dedicada às sugestões para o trabalho pedagógico, denominada Estação do(a) Professor(a), na qual disponibilizamos alguns referenciais.

As questões aqui postas podem não ser esgotadas em toda sua essência, porém esperamos contribuir para a difícil tarefa de construir uma prática pedagógica em EDH no Ensino Fundamental Anos Finais, possibilitando aos(as) estudantes elevar seus conhecimentos da esfera das objetivações em-si para as objetivações para-si, desvelando a sociedade em que vivem e iniciem juntamente com seus pares, uma luta por uma sociedade justa no respeito aos direitos de todas as pessoas.

1ª PARTE

A dimensão histórica dos
DIREITOS HUMANOS
e o papel da educação

A DIMENSÃO HISTÓRICA DOS DIREITOS HUMANOS E O PAPEL DA EDUCAÇÃO

1. DIREITOS HUMANOS: AFIRMAÇÃO HISTÓRICA, PERMANENTE E COLETIVA

A construção e afirmação dos direitos humanos, de modo geral, possuem uma ligação muito próxima com os grandes acontecimentos históricos, desde conflitos a revoluções, como também as grandes invenções científicas e tecnológicas.

Nesse sentido, examinar a questão dos direitos humanos no campo educacional demanda um entendimento da construção histórica dos conceitos de direitos humanos, cidadania e de democracia, e das suas relações com o contexto político e social, sabendo de antemão que esses conceitos se complementam e são produzidos nessas relações.

Todavia, é preciso refletir sobre as diversas representações, tendo em vista a relevância que os direitos humanos alcançaram, pois muitos significados lhe foram atribuídos, reduzindo sua compreensão histórica, não considerando os direitos oriundos das transformações dos levantes populares.

Diante disso, nada é mais necessário para destruir os mitos sobreformas "naturais" e absolutas da sociedade do que revisitar os precedentes históricos que marcaram os séculos passados e o início do atual.

As revoluções determinam mudanças fundamentais na política, na economia e na cultura, perpetuando um legado de esperança entre os mais diversos povos. Portanto, reconhecer a dimensão histórica dos direitos humanos significa reconhecer que eles não foram revelados para a humanidade em um momento de luz, mas sim que foram construídos ao longo da história humana, através das modificações na realidade social, na realidade política, na realidade industrial, na realidade econômica, enfim em todos os campos da atuação humana.

Do ponto de vista teórico, alguns estudiosos ao tratar da afirmação histórica dos Direitos Humanos sobrepõem seus pressupostos e princípios tendo como finalidade a observância e proteção da dignidade da pessoa humana de maneira universal, entendendo que os direitos humanos são aqueles frutos da própria qualidade de pessoa humana, pelo fato dela pertencer a essa espécie. No entanto, por mais fundamentais que sejam, são direitos históricos.

Os direitos essenciais à pessoa humana nascem das lutas contra a opressão, das lutas contra o desmando, gradualmente, ou seja, não nascem todos de uma vez, mas sim quando as condições lhes são propícias e a sociedade passa a reconhecer a sua necessidade para assegurar a cada indivíduo uma existência digna.

Diante da multiplicidade de fatores e protagonistas na construção e desenvolvimento dos direitos humanos, é equivocado (a menos que se trate de realizar meros exercícios racionais ou de cunho ideológico), defendê-los mediante uma concepção a-histórica, desconsiderando os vários refluxos e influxos que a leitura da sociedade proporciona para, ao reverso, aceitar moldes e padrões formalmente idealísticos que apenas distorcem a realidade.

É importante salientar que não serão abordados, especificamente, todos os fatores que influenciaram na construção da visão contemporânea de direitos humanos, tendo em vista as limitações do presente trabalho.

Em vez de tratarmos, nesta parte, da evolução histórica vista na perspectiva linear teórico/legal, na forma descritiva comumente encontrada nos livros, optamos por um enfoque diferenciado, a partir de uma perspectiva crítica em sua acepção mais ampla, fruto de uma luta coletiva por defenderem as mais nobres causas em favor da vida humana, invocando a causa da garantia dos direitos para todas as pessoas.

Portanto, serão explicitados os principais marcos históricos relevantes para a compreensão do tema, pois tal temática ultrapassa contextos de determinado tempo e espaço históricos, sendo fruto de múltiplos movimentos que transformam e até mesmo revolucionam a sociedade, à medida que possuem identidade na conflituosa relação do binômio governantes/governados em constante mutação e inter-relacionamento.

Corroborando com essa tensão conflituosa exposta acima, Boaventura Santos (2006) argumenta que a sociedade é marcada por uma série de tensões e contradições dialéticas. A primeira dessas tensões dialéticas ocorre entre regulação e emancipação social.

Entende-se necessário um estudo histórico a respeito dos direitos essenciais a pessoa humana para compreender como, quando, em que contexto, eles surgiram para a humanidade.

O extremo reducionismo da lenta movimentação histórica e social dos direitos humanos proporcionado pela fixação de seus isolados momentos históricos pode, contudo, transformar a teoria em dogma que encobre as reais mutações dialéticas sociais, especialmente porque existem, ao longo da história, avanços e retrocessos incompatíveis com uma absoluta tendência linear progressiva.

Importante frisar a contribuição de diversos documentos para a concretização dos direitos humanos como antecedentes das declarações positivas de direitos. Porém, esses documentos não eram cartas de liberdade do homem comum, mas sim, contratos feudais, nos quais o rei comprometia-se a respeitar os direitos de seus vassalos.

Portanto, não afirmavam direitos humanos, mas direitos de estamentos. São as liberdades consagradas no século XVIII, com o advento do liberalismo que constituem direitos individuais contra a opressão do Estado, contra o absolutismo, as perseguições religiosas e políticas, contra o medo avassalador em uma época em que predominava o arbítrio e a distinção em castas, em estamentos, mais do que em classes sociais.

Trata-se das liberdades de locomoção, propriedade, segurança, acesso à justiça, associação, opinião e expressão, crença religiosa, integridade física. Essas liberdades individuais, também chamadas direitos civis, foram consagradas em várias declarações e firmadas nas constituições de diversos países.

Assim sendo, para determinar a origem da afirmação dos Direitos Humanos devemos retornar basicamente a três documentos fundamentais — seja pela relevância e também pela capacidade de influenciar os movimentos históricos posteriores.

Primeiramente deram-se os primeiros passos para o estabelecimento de um Estado não mais regido por um poder absoluto, mas para um Estado dos cidadãos, que tinha por base uma Carta de Direitos, ou seja, um *Bill of Rights*, estabelecendo assim, uma Era dos Direitos (MONDAINI, 2006).

A declaração inglesa de direitos, de 1689, conhecida como *"Bill of Rights"* (MONDAINI, 2006), foi o primeiro documento a reconhecer de forma explícita os direitos naturais. Elaborada pelo parlamento e assinada por Guilherme de Orange, como condição para que este assumisse o trono inglês, foi o documento que melhor sintetizou os objetivos da chamada Revolução Gloriosa de 1688. Esse marcou a supremacia do parlamento sobre a coroa e libertação da burguesia inglesa, frente ao Estado absolutista que com seu permanente intervencionismo era um entrave importante para um processo mais amplo de acúmulo de capital.

Entre as mudanças desse período, cabe destacar a visão de Locke (1994) em relação ao Estado, a partir do momento em que o mesmo não é mais visto como absoluto e indivisível, assumindo agora uma lógica que não está mais baseada na submissão ao Estado, mas ao consentimento dos indivíduos em relação ao mesmo. Sendo assim, expressa os interesses dessa nova classe que vem ganhando força.

A reviravolta sobre a concepção do direito, causada pela filosofia moderna, a partir de Thomas Hobbes, se baseou na ideia de que o direito natural não era suficiente para sustentar os princípios ordenadores da vida civil, que se organiza no Estado. Seu Leviatã, além de ver na natureza do homem os princípios de discórdia, pela competição e desconfiança, desencadeando numa guerra de todos contra todos, tornando-se necessário o jugo do poder estatal sobre o indivíduo, ou seja, garantir a sobrevivência dos mesmos.

Com isso, inaugura-se o paradoxo que permeia a relação moderna entre desejos e direitos. O campo universal dos direitos é necessário para que as particularidades sejam reconhecidas como tais, de modo que o direito de um não prejudique o do outro. O desejo é a marca da singularidade que mobiliza os indivíduos a suprir suas carências, e os direitos, por sua vez, habitam o mundo da Lei.

No sentido moderno, o nascimento da lei escrita cria uma regra geral e uniforme que diz que todos os indivíduos que vivem numa sociedade organizada ficam sujeitos a ela. Portanto, somente com a positivação das teorias filosóficas de direitos humanos, enquanto limitação ao poder estatal, é que se pode falar em direitos humanos, enquanto direitos positivos e efetivos.

Embora as concepções universalistas dos direitos humanos nos remetam inevitavelmente ao jusnaturalismo e a formulações dos direitos naturais em modelos do contrato social, notavelmente em Locke, Rousseau e Kant, o cosmopolitismo permanece o modelo mais apropriado para dar conta da tensão constante entre o indivíduo e as reivindicações dogmáticas de doutrinas abrangentes (morais, ideológicas ou religiosas, fundamentalistas ou não).

Assim, os direitos civis deveriam ser criados pelos homens em acordo com o que prescrevia o direito natural, mas nunca restritos a ele. Posteriormente, a partir do século XVIII, filósofos defenderam que o direito e as leis só poderiam ser concebidos a partir da experiência histórica humana e não com base em princípios — como a natureza — cuja vaidade era atemporal.

Doravante, nesse período de transição para o capitalismo, países como a Inglaterra e a França assumem a dianteira de uma situação que se mostrava inevitável e que manifestava os anseios da nova classe emergente, ou seja, as revoluções liberais, que lançariam os novos alicerces da política e ideologia que vigorariam a partir de então. Valores estes que veriam a terra não mais como lugar de ócio, mas como uma mercadoria, o que demonstra a implementação do que poderia se chamar de uma nova moral capitalista, aliada ao anseio de estabelecer uma "nova ordem social", como é apontado por Mondaini (2006).

O segundo documento fundante da Declaração Universal dos Direitos Humanos é a declaração dos direitos do estado da Virgínia (1776), como o primeiro documento a expressar o caráter universal dos direitos do Homem. Essa declaração consagra os direitos dos indivíduos e estabelece, portanto, a primazia do indivíduo em sua relação com o Estado. Destaca-se também o Artigo 5º sobre a separação dos poderes, a liberdade de imprensa (seção XII) e a liberdade de culto (seção XVI).

A Revolução Americana (1776) também se localiza entre aquelas que instituíram entre os direitos elementos que estão diretamente relacionados aos direitos humanos. Apesar de se distinguir da francesa, cujos protagonistas eram efetivamente vindos de camadas menos favorecidas da população, a Revolução Americana também trouxe em seu bojo o desejo de libertação das estruturas de poder e sociais estabelecidas pela monarquia, no caso, a inglesa.

Porém, o fato marcante dessa revolução, do ponto de vista dos direitos, está justamente em que procura favorecer e expressar os interesses mais específicos do homem, esse também muito mais concreto do que aquele que observamos na Declaração francesa. Por exemplo, além da emancipação, a Declaração americana introduz o direito à felicidade.

Alguns poderiam afirmar que a felicidade não seria uma questão exclusivamente moderna, lembrando então da Ética dos Antigos (384-322 a.C.), envolvida pelas questões da felicidade, da vida boa e do supremo bem. Contudo, na perspectiva de Aristóteles (ARENDT, 1989), a felicidade estaria na realização plena da natureza de cada ser existente, de modo que, na ordem do mundo, a felicidade de um escravo seria diversa de seu senhor.

Todavia, as bases da modernidade são outras (SAINT-JUST apud HANNA ARENDT, 1989). Há, pois, uma verdade na Declaração de um modo novo de colocar a felicidade no centro do cenário político europeu. Em sua origem, Saint-Just (1767-1794), em meio aos acalorados debates franceses de 1791-1793 acerca dos direitos sociais, reconhece que a felicidade é uma ideia nova na Europa. Em meio à sociedade que surge com as revoluções modernas, a felicidade adquire ares de direito, tornando-se palavra constante em declarações de liberdade, igualdade e fraternidade.

Assim, na versão moderna da felicidade é imperativo que os indivíduos sejam reconhecidos como pessoas jurídicas em sua particularidade. Não importa a natureza de sua origem, classe, religião — todos, em suas particularidades, são iguais perante a Lei.

Outro documento que melhor expressou a radicalidade das mudanças ensejadas pela Revolução Francesa foi a Declaração dos Direitos do Homem e do Cidadão. Publicada em 1789, ela representa a inauguração simbólica da moderna acepção dos direitos humanos. Os princípios que deram origem a essa Declaração, assim como aqueles que ela congrega, são por si mesmos revolucionários, se compararmos o ideário que funda esse texto com aquele que sustenta as bases do Antigo Regime francês.

Em 1789, durante a Revolução Francesa, a Assembleia Nacional promulgou a Declaração dos Direitos do Homem e do Cidadão, a qual proclama a liberdade e a igualdade de todos os homens e reivindica como direitos naturais imprescritíveis a liberdade, a propriedade, a segurança, a resistência à opressão, em vista dos quais se constitui toda a associação política legítima.

Sem dúvida, o marco a partir do qual pensamos os Direitos Humanos se pauta por sua relação com as revoluções. Desde seu surgimento na Revolução Francesa, com a Declaração Universal dos Direitos Humanos e do Cidadão, os direitos humanos sempre estão atrelados a estes momentos históricos que levaram a humanidade às transformações econômicas, jurídicas ou culturais.

Contrariando este pensamento, a associação proposta entre Revoluções e Direitos Humanos busca lembrar os diversos paradoxos que herdamos até então. Uma posição que exige uma profunda reflexão para pontuarmos as dimensões reais destes termos aparentemente desgastados.

O fato de as revoluções modernas e contemporâneas envolverem os propósitos mais nobres dos direitos humanos é revelador não apenas do caráter eminentemente político desses eventos, mas denota que são movimentos cuja origem é a vontade popular. Os franceses exigiam nada menos do que a reconfiguração completa das relações entre o poder e o povo, pretendiam reestruturar o Estado para que este estivesse permeável e pudesse responder a suas demandas — igualdade, liberdade, justiça, bens materiais.

Por esta razão se afirma que nesses movimentos deflagradores das transformações radicais o que está em jogo é a emancipação, isto é, o desejo de que o indivíduo se torne o único senhor de sua vida e de suas decisões.

Em certo sentido, os Direitos Humanos são desde sempre a experiência política da liberdade, a expressão da luta para libertar os indivíduos da repressão externa e permitir sua autorrealização. Não por outro motivo, a luta pelos direitos humanos esteve, desde o século XVIII, diretamente relacionada às revoluções, embora não somente a estas.

Segundo Benevides (1998) ao analisar a segunda geração dos Direitos Humanos, trata-se da dimensão dos direitos de caráter social mais geral, como o direito à educação, saúde, habitação, lazer e, novamente, segurança. São direitos marcados pelas lutas dos trabalhadores já no século XIX e acentuadas no século XX, as lutas dos socialistas e da social-democracia, que desembocaram em revoluções e no Estado de Bem-Estar Social. Hoje, no Brasil e nos países efetivamente democráticos, são igualmente reconhecidos como "direitos do cidadão".

Após a experiência de horrores e de barbárie que nos propiciaram os domínios imperiais de países europeus sobre a África, na segunda metade do século XIX, e, principalmente, as duas Guerras Mundiais, na primeira metade do século XX, outra Declaração veio firmar o caráter insubstituível e incondicional dos direitos humanos. É a Declaração Universal dos Direitos Humanos, assinada em 1948 pelo conjunto de países que subscreveu a criação da Organização das Nações Unidas (ONU). Esta nos possibilitou confirmar o século passado como aquele em que triunfou o discurso em defesa dos direitos humanos.

De acordo com Benevides (1998), a terceira dimensão é aquela dos direitos coletivos da humanidade. Referem-se esses à defesa ecológica, à paz, ao desenvolvimento, à autodeterminação dos povos, à partilha do patrimônio científico, cultural e tecnológico. Direitos sem fronteiras, ditos de "solidariedade planetária". O direito a um meio ambiente não degradado já se incorporou à consciência internacional como um direito "planetário".

É nesse contexto que, do ponto de vista do direito, se passa a falar naqueles direitos que diziam respeito à proteção dos homens contra a opressão, a exploração e a dominação, contra, enfim, o que os impedia de ser indivíduos autônomos e senhores de suas próprias vidas, de direitos humanos. Estes passaram a ser expressos até mesmo em documentos e declarações.

A Declaração de 1948 afirma a universalidade (em que a condição de pessoa é o requisito único para a titularidade de direitos) e a indivisibilidade (visto que a garantia dos direitos civis e políticos é condição para a observância dos direitos sociais, econômicos, culturais e vice-versa).

Ponderando a qualidade desses direitos, encontramos uma pluralidade de significados, em que se destaca a chamada concepção contemporânea de Direitos Humanos, introduzida com o advento da Declaração Universal de 1948, fortalecida pelo Pacto de 1966, e reiterada pela Declaração de Direitos Humanos de Viena de 1993.

Tal processo de universalização dos Direitos Humanos permitiu a formação de um sistema internacional integrado por tratados internacionais de proteção que refletem, sobretudo, a consciência ética contemporânea compartilhada pelos Estados na proteção destes direitos do "mínimo ético irredutível".

Segundo Bobbio (1992), os direitos humanos nascem como direitos naturais universais, desenvolvem-se como direitos positivos particulares (quando cada Constituição incorpora Declaração de Direitos) para finalmente encontrar a plena realização como direitos positivos universais.

Na prática, a Declaração de 1948 é muitas vezes interpretada como uma carta cujo conteúdo é expressão de boas intenções, ou, no máximo, um "programa" sem garantias de efetivação. Ainda que tais direitos sejam solenemente proclamados e repetidos todos os dias, a imensa maioria da humanidade não os possui de fato.

Muitas das consequências do desenvolvimento econômico do período, hoje chamado de Mundialização do capital, não foram previstas, aflorando um grande problema social. Grande parte da população se concentra em habitações insalubres nas cidades, haja vista o desenvolvimento do sistema fabril; muitos trabalhadores foram reduzidos a situação de pobreza por este sistema, sendo também o desemprego um problema posto ao Estado que taxava mais impostos para poder assistir a população cada vez mais pobre. Estado e indivíduos ficaram a mercê de variações dos preços, que atingiam especialmente os gêneros alimentícios.

A globalização econômica, em conjunto com as políticas neoliberais da década de 1990, produziu um sério processo de desmantelamento das políticas sociais e, consequentemente, da responsabilidade do Estado no tocante à implementação dos direitos econômicos, sociais e culturais.

Tal processo de violação dos Direitos Humanos atinge principalmente grupos sociais mais vulneráveis (mulheres, crianças, jovens, idosos(as), afrodescendentes, por exemplo). Diante disso, políticas universalistas, mas específicas, endereçadas a estes grupos socialmente vulneráveis, se fazem necessárias e, consequentemente, devem ser defendidas pelos grupos que lutam na contra-hegemonia.

O discurso do capital sobre o conjunto da sociedade propaga a ideologia do individualismo, incentivando o êxito econômico como a única alternativa viável, aprofundando as desigualdades econômicas. Em uma luta de caráter individual, a dimensão do "outro", as atitudes coletivas, a preocupação com o bem estar de todos(as) e a participação na sociedade civil ficam seriamente comprometidos.

Sob este escopo, colocamos alguns desafios: **Como pensar os valores fundantes da ordem social contemporânea? Que lugar têm os Direitos Humanos hoje na construção de um projeto coletivo de liberdade universal e de um viver em comum digno e justo, desde o âmbito local até o planetário?**

Entre os desafios que se apresentam, a Educação em Direitos Humanos desponta como uma importante estratégia. A Educação em Direitos Humanos preocupa-se em difundir e fomentar, através de diferentes estratégias, uma cultura dos Direitos Humanos. A realidade da maior parte dos países do mundo é de constantes violações dos Direitos Humanos, o que se torna ainda mais contundente nos países mais pobres.

Se os países signatários não se prepararem, de fato, para que sejam cumpridas as disposições estipuladas nessa Declaração, proporcionando um aumento progressivo de consciência nacional e internacional a respeito da inviolabilidade desses direitos, seu texto pode se transformar numa compilação de boas intenções e não na garantia de direitos essenciais a todos os seres humanos no nível mundial.

Talvez não seja exagero pensar que grande desafio teórico seria conciliar o discurso prevalecente dos direitos humanos com tais imperativos, na maior parte das vezes reduzidas a questões econômicas e técnicas, que condicionam a sociedade globalizada e que contradizem os ideais de igualdade e justiça prometidos pela "invenção democrática" engendrada, como procuramos demonstrar na sua dimensão histórica.

Para Marx (1984) a história é primordial no tocante a essência humana porque exprime uma totalidade, e essa categoria é fundamental para que o Homem seja entendido sem limitações, tanto em suas primeiras objetivações e relações sociais, quanto no seu processo de autocriação, que lhe permite alcançar as características próprias do período histórico em que se encontra. É a totalidade, encontrada na história, que possibilita a compreensão de todas as possibilidades de humanização do gênero humano.

Desse modo, as atuais possibilidades de fortalecimento da autonomia das comunidades tradicionais, populações e povos de nosso planeta em relação ao sistema capitalista retomam imediatamente a luta pelos direitos humanos como questão imprescindível para suas formas de autorreprodução social.

Assim, compreendemos que a mais importante conquista das revoluções históricas está no direito das sociedades de não serem espectadoras de seu destino; mas a participar, ativamente, de sua construção. É a resistência à opressão que sustenta ser incondicional a defesa da inviolabilidade da dignidade humana, em quaisquer situações sociais e políticas e circunstâncias históricas.

2. AS DIRETRIZES CURRICULARES DA EDUCAÇÃO EM DIREITOS HUMANOS, CIDADANIA E A VALORIZAÇÃO DA DIVERSIDADE NA ESCOLA

Inicialmente continuaremos a apresentar o contexto no qual as referidas políticas de EDH se inserem e se constituem, delineando um cenário favorável para sua implementação, tornando-se intensamente um tema atual na agenda nacional e internacional.

Em relação à gênese da Educação em Direitos Humanos, podemos afirmar que esta perspectiva nasce no contexto pós--Segunda Guerra Mundial, vinculada à proclamação da Declaração Universal dos Direitos Humanos, promulgada em 1948 pela Organização Mundial das Nações Unidas (ONU). De acordo com Nahamias (1998) o artigo 26 desta Declaração estabelece o direito à educação, tendo como objetivo principal o pleno desenvolvimento da personalidade humana e o fortalecimento do respeito aos Direitos Humanos. É a partir da Declaração que: "se visualiza oficialmente a educação como um instrumento privilegiado da difusão e aplicação destes direitos e se estende sua importância ao mundo da escola. (1998, p. 41).

No contexto Latino Americano, a Educação em Direitos Humanos constitui uma prática recente e tem se desenvolvido de maneira heterogênea por toda a América Latina, apresentando segundo Candau (1998), uma diversidade de trajetórias, que estão sempre articuladas com os processos político-sociais vividos em diferentes contextos.

No contexto de tempo e espaço pedagógicos, a educação popular tem sido o *lócus* privilegiado da Educação em Direitos Humanos. Apenas mais recentemente, especialmente, a partir da década de 1990, tal perspectiva tem tido uma maior inserção no campo da educação formal.

Dessa maneira, a EDH vem ganhando ênfase no âmbito dos instrumentos e programas internacionais e nacionais. As políticas públicas de maiores destaques dizem respeito à Secretaria de Direitos Humanos-SDH, em especial, o Comitê Nacional de Educação em Direitos Humanos, e ao Ministério da Educação a Secretaria de Educação Continuada, Alfabetização, Diversidade e Inclusão — SECADI, com o apoio de outros órgãos do Governo Federal, nos quais passam a formular e implementar políticas intersetoriais.

Para tanto, a grande ação do Comitê, o Plano Nacional de Educação em Direitos Humanos-PNEDH (BRASIL, 2006) foi concebido em uma perspectiva pedagógica, ou seja, seu objetivo é estimular a colaboração entre diferentes agentes envolvidos com a educação nacional, e consolidar a percepção segundo a qual os direitos humanos se realizam na coletividade, nos relacionamentos sociais, no estabelecimento de vínculos que respeitam e valorizam a diversidade.

Portanto, o Plano Nacional de Educação em Direitos Humanos chama a atenção do poder público e da sociedade civil para a necessidade do processo de consolidação democrática da centralidade da Educação em Direitos Humanos, como uma forma de construir e promover uma cultura de respeito aos direitos humanos, no contexto de um quadro de agravamento da violência e da exclusão.

Nessa direção, o Conselho Nacional de Educação junto com a Secretaria de Direitos Humanos (SDH) da Presidência da República, Ministério da Educação — SECADI e SEB, disponibilizou no ano de 2011 uma consulta pública do texto preliminar das Diretrizes Nacionais da Educação em Direitos Humanos, com a participação do Comitê Nacional de Educação em Direitos Humanos (CNEDH), que foi homologada pelo Ministro da Educação em 2012 (BRASIL, MEC/CNE, 2012).

Essa ação visou atender a implantação, também, do Programa Mundial do Alto Comissariado das Nações Unidas de Educação em Direitos Humanos — PMEDH (UNESCO, 2006). O documento das Diretrizes prevê que a Educação em Direitos

Humanos pode ser trabalhada no currículo escolar de diferentes formas: 1 — de forma transversal e interdisciplinar, por meio de temas relacionados aos Direitos Humanos; 2 — como um conteúdo específico de uma das disciplinas já existentes no currículo escolar; 3 — de maneira mista, combinando transversalidade e disciplinaridade, ou seja, como tema que é eixo norteador do currículo e, ofertando uma disciplina especifica para tratar os conteúdos de Direitos Humanos.

O documento das Diretrizes Nacionais para a Educação em Direitos Humanos (2012) apresenta oficialmente a proposta, situa historicamente a temática e explicita a sua forma de elaboração.

Quanto aos princípios norteadores destacamos a "dignidade humana, a democracia, o reconhecimento e a valorização das diversidades, a perspectiva de interação a partir da sustentabilidade socioambiental e a educação para a mudança e a transformação social" (BRASIL, MEC/CNE, 2012, p. 9-10).

Assim, a concepção de Educação em Direitos Humanos incorpora a compreensão de cidadania democrática, cidadania ativa e cidadania popular, embasadas nos princípios da liberdade, da igualdade, da diversidade, na universalidade, indivisibilidade e interdependência dos direitos.

A democracia, ao ser entendida como regime alicerçado na soberania popular e no respeito integral aos direitos humanos, é fundamental para o reconhecimento, a ampliação e a concretização dos direitos. Além de entenderem a educação como direito humano, consideram a Educação em Direitos Humanos como parte fundamental do conjunto desses direitos, inclusive do próprio direito à educação.

Nessa perspectiva, a Secretaria de Direitos Humanos e o Ministério da Educação, por meio da Secretaria de Educação Continuada, Alfabetização, Diversidade e Inclusão vem atuando na promoção de linhas de ações e programas educacionais, voltadas para o fortalecimento dos canais de participação popular, promoção da igualdade entre as pessoas, combate ao tráfico de seres humanos, defesa do meio-ambiente, proteção aos direitos das crianças, adolescentes, homossexuais, lésbicas, negros(as), mulheres, idosos(as) e pessoas com deficiência.

Aliás, é importante destacar que desde seu início em 2004, a SECADI/MEC se propõe a englobar o conjunto de dimensões ligadas à diversidade, com vistas a compor uma agenda ativa na melhoria da qualidade da educação para enfrentar as desigualdades. A Secretaria de Direitos Humanos encontra respaldo nas propostas de ações governamentais relativas à educação, conscientização e mobilização contidas no Programa Nacional de Direitos Humanos II (BRASIL, 2002), e o III (BRASIL, 2010), no Plano Nacional de Políticas para as Mulheres (BRASIL, 2004), no Programa Brasil sem Homofobia (BRASIL, 2004) e no Plano Nacional de Educação em Direitos Humanos (BRASIL, 2006) gestados a partir de lutas e transformações que receberam maior impulso desde a promulgação da Constituição Federal de 1988.

Em 2007, ainda com a antiga nomenclatura (SECAD), a SECADI/MEC publica o Caderno 4 — Gênero e Diversidade Sexual na Escola: reconhecer diferenças e superar preconceitos —, cujo objetivo é fornecer conteúdos informativos e formativos que contemplem as bases históricas, conceituais, organizacionais e legais sobre igualdade de gênero, diversidade sexual e sua problematização e diagnóstico no âmbito da educação, apresentando ainda um importante balanço das políticas implementadas.

A perspectiva adotada segundo a qual os temas gênero, identidade de gênero e diversidade sexual devem ser considerados pela política educacional como uma questão de direitos humanos, repercute nas estratégias escolhidas e no desenho das ações. Nesse sentido, há o reconhecimento da legitimidade de múltiplas e dinâmicas formas de expressão de identidades, práticas sociais e formas de saber até agora estigmatizadas em função da lógica branca, masculina, heteronormativa e de classe média.

Durante a Conferência Nacional da Educação Básica (Coneb) de 2008 e a Conferência Nacional de Educação de 2010 (Conae), várias propostas foram encaminhadas orientadas pelos princípios da educação para a defesa dos Direitos Humanos na formulação de subsídios para a elaboração do Plano Nacional de Educação 2011-2020.

Nota-se, em relação a outros documentos na área da educação, um salto qualitativo com relação à quantidade, densidade e detalhamento das propostas relacionadas a gênero e diversidade sexual. Dito de outra forma, aponta o envolvimento da sociedade civil e dos movimentos organizados nas discussões sobre educação. É importante destacar a participação ativa do Movimento LGBT, entre outros, nas Comissões Organizadoras de conferências realizadas nos níveis nacional, estadual e municipal.

Além disso, a SECADI/MEC promove políticas e práticas didático-pedagógicas voltadas a garantir igualdade de direitos e de oportunidades a todos os indivíduos e grupos, independentemente de identidade de gênero ou diversidade sexual, e sem desconsiderar os nexos com a construção de tais diferenças com outros marcadores identitários igualmente legítimos.

Como percebemos, a proposta da EDH busca elaborar práticas por meio do desvelamento dessa realidade. Ao exercitar sua cidadania, o ser humano faz História, muda o mundo, está presente na sociedade de uma maneira ativa, convivendo com os demais, pensando a sua existência, transformando sua realidade.

Portanto, a limitação epistemológica na prática pedagógica nos anos finais do Ensino Fundamental, historicamente presente nas escolas, tem sido realizado sob o nome genérico de "renovada" e "contextualizada" (DUARTE, 2000), no bojo das reformas educativas do contexto neoliberal e, principalmente, embasadas em uma teoria linear do desenvolvimento dos(as) estudantes, reduz o papel transformador da EDH.

Essa organização do processo de ensino baseada em práticas neoliberais, embora ofereça a possibilidade de trabalhar o tempo e o espaço próximo e concreto, em que os(as) estudantes estão inseridos(as) corre o perigo da simplificação exagerada. Assim, o estudo da realidade não ultrapassa o senso comum e a organização dos conteúdos (até certo ponto necessários) finda por constituir uma espécie de camisa de força, impedindo a reflexão e a implementação de propostas de ensino que priorizem a aprendizagem de conceitos necessários à constituição da cidadania ativa.

No entanto, o trabalho com a proposta da Pedagogia Histórico-Crítica, constitui-se uma ferramenta valiosa na formação do cidadão(ã) ativo(a) promotor(a) da igualdade de direitos, instrumentalizando-o(a) para uma visão mais ampla de mundo, o que poderá auxiliá-los(as) na luta pela quebra da hegemonia dominante.

Corroborando com essa argumentação, o Plano Nacional de Educação em Direitos Humanos define a Educação em Direitos Humanos "como um processo sistemático e multidimensional que orienta a formação do sujeito de direitos, articulando as diversas dimensões visando fortalecimento de práticas individuais e sociais que gerem ações e instrumentos em favor da promoção, da proteção e da defesa dos Direitos Humanos, bem como da reparação das violações" (BRASIL, PNEDH, 2006, p. 17).

Esse plano se configura como uma política pública educacional voltada para cinco áreas: educação básica, educação superior, educação não formal, mídia e formação de profissionais dos sistemas de segurança e justiça. Em linhas gerais, pode-se dizer que o PNEDH ressalta os valores de tolerância, solidariedade, justiça social, inclusão, pluralidade, diversidade e sustentabilidade.

Diante do exposto, fica evidente que a prática pedagógica nos anos finais do Ensino Fundamental não deve ficar reduzida a aplicabilidade de natureza técnica. A Educação em Direitos Humanos vai além de uma aprendizagem cognitiva, incluindo o desenvolvimento social e emocional de quem se envolve no processo ensino aprendizagem e deve ocorrer na comunidade escolar em interação com a comunidade local.

Vale perguntar: **é fácil compreender as relações de poder local, autoridade e hierarquia presentes na escola? Que tipo de família deve-se considerar nestes tempos e nas comunidades locais em que atuamos? Ou, nestes tempos em que a mídia aproxima às pessoas, o que está mais próximo, a Espanha, durante a transmissão de uma partida de futebol, ou as notícias do bairro?**

É preciso pensar que as cidades não são simples territórios onde se produz. Santos (1994) é emblemático nessa discussão e, de certo modo, pode ser tomado como uma síntese das discussões críticas do período. Por um lado, o autor chama a atenção para o direito que o(a) cidadão(ã) deveria ter à mobilidade espacial e ao acesso a serviços públicos, questionando assim a fixação da pobreza em determinados espaços.

Ao mesmo tempo, advoga o direito do(a) cidadão(ã) permanecer no seu lugar identitário, criticando com isso a descaracterização de bairros, a expulsão de favelados(as), os despejos e o nomadismo sem direito às raízes, tão próprio das políticas urbanas atreladas aos interesses do mercado e do capitalismo predatório. Assim, Santos destaca dois aspectos, aparentemente contraditórios, das dinâmicas urbanas, mas que apresentam em comum o fato de remeterem à defesa da cidadania marca principal das discussões dessa década. Mas quem seria o(a) cidadão(a) para Milton Santos?

Em o Espaço do Cidadão, Santos (1994) põe a nu o processo de transformação do(a) cidadão(ã) em simples consumidor(a) insatisfeito(a), que, alienado(a), aceita ser chamado(a) de usuário(a), servindo ao economicismo reinante, mostrando a vitória do consumo como fim em si mesmo e das empresas no comando do território. Ainda discorre sobre a supressão sistemática e brutal da cidadania à maior parte da população brasileira, que se dá concomitantemente à evolução da sociedade de consumo, o verdadeiro ópio contemporâneo, regredindo na escala de valores na construção da sociedade corporativa, da qual o Brasil é um exemplo.

Reina a propaganda como fazedora de símbolos, o consumismo como seu portador, a cultura de massas como caldo de cultura fabricado e a burocracia como instrumento e fonte de alienação.

É claro que a questão é bastante complexa. Educar para a cidadania, prevendo a existência de uma participação ativa, não é algo simples e fácil de realizar. Mas por outro lado, é algo urgente de se pensar. É preciso que os(as) educadores(as) reflitam profundamente sobre as possibilidades de direcionar a formação dos(as) jovens para a consciência política, que não implica somente conhecer seus direitos e deveres, a estrutura e o funcionamento político e social do país, mas acima de tudo, ver-se enquanto parte desse corpo político, expressando seus interesses através da vontade geral, que deve prever o bem-estar geral e, ainda, buscar isso nas realizações práticas e concretas.

A EDH busca despertar a sociedade como um todo para a essencialidade desse respeito, para que todo(a) cidadão(ã) seja agente de sua história, construtor(a) e defensor(a) de sua cidadania, constituindo-se em uma das formas de combate à violência e à violação aos direitos humanos.

Tendo em vista essas problematizações brevemente esboçadas, apresentamos algumas ideias que podem ser agregadas às propostas de ensino nos anos finais do Ensino Fundamental. Ensinar como uma possibilidade do sujeito situar-se no tempo e no espaço em que vive, conhecer aspectos do passado — constituidor do presente — tornando visíveis diferentes situações, grupos e indivíduos e participar da elaboração de seu projeto de futuro, evitando assim que esse futuro seja projetado a sua revelia.

Destacamos a importância da memória individual e da memória social — que se materializam em diferentes espaços da cidade: ruas, prédios, museus, aterros, diques, pontes, desmatamentos, praças, monumentos.

Considerando que o sujeito da sociedade de consumo/imagem perdeu a capacidade de conhecer e organizar o próprio passado como uma experiência coerente, começando a viver em um presente perpétuo, é necessária uma prática pedagógica que o ajude a descobrir as sementes do poder que cada um(a) carrega dentro de si no plano individual e coletivo.

Desse modo, dois questionamentos se fazem necessários: quais as possibilidades de análise crítica e compreensão do cotidiano e as suas relações permeadas pela alienação própria da sociedade de classes? No limite, as teorias dos defensores contemporâneos do ideário "renovador" não incorreriam no equívoco de supervalorizar este cotidiano alienado?

Para Gramsci (1991) no senso comum predominam as características difusas e dispersas de um pensamento genérico de certa época, em um certo ambiente popular. Assim, o senso comum (como a religião) "não podem constituir uma ordem intelectual porque não podem reduzir-se à unidade e à coerência nem mesmo na consciência individual" (GRAMSCI, 1991, p. 197).

Concordando com essa prerrogativa, porém preocupados com leituras equivocadas que acabam por reduzir ao estudo do lugar, todo o cotidiano alienado, denominando de "contextualização", acreditamos que essa prática baseada em relações permeadas pela alienação invisibiliza o(a) jovem que sofre esses registros. Também se deixa de olhar o bairro (o território) como lugar de vidas concretas.

Deve-se lembrar que a dialogicidade, nos anos finais do Ensino Fundamental, não começa nos currículos pré-estabelecidos pela escola. Ela começa na *investigação temática* para buscar os "eixos integradores". Os principais problemas postos pela prática e pelo conteúdo curricular, seguindo-se uma discussão sobre eles, a partir daquilo que os(as) estudantes já conhecem.

Tal como indica Saviani (1994), é a apresentação sistemático-dialógica do conteúdo científico, contrastando-o com o cotidiano e respondendo às perguntas das diversas dimensões propostas. Ele se inicia pelo diálogo com as pessoas, restituindo-lhe a dignidade de dizer sua palavra.

Nesse sentido, fomentar o diálogo e a reflexão coletiva entre os atores educativos pode externalizar o ser histórico do(a) estudante, que não se percebia como totalidade, que nunca se via como o trabalho de mulheres e homens históricos sobre o espaço, pois as grandes conquistas da humanidade não são transmitidas por meio da herança genética, como ocorre entre os animais. Mas ficam objetivadas nos produtos da atividade humana, isto é, nas diversas criações do homem/mulher: em instrumentos, na linguagem, nos usos e costumes, na ciência e na cultura. É a dialética da *conjunção* de sua condição local com a global que o identifica como ser humano universal.

Por ser um processo histórico, a construção da cidadania ativa se manifesta na construção do cidadão(ã), em todo dinamismo de suas contradições. Não se trata de uma dialética entre a pequena e a grande dimensão do espaço, ou ainda a potencialidade abstrata da identidade, mas a própria percepção da diferença na homogeneidade criada artificialmente pela realidade urbana.

Para Santos (2001), o conhecimento do território tornou-se indispensável dada a sua importância nos processos de globalização e fragmentação que se verificam no mundo contemporâneo. O território, modernamente, é entendido não apenas como limite político administrativo, senão também como espaço efetivamente usado pela sociedade e pelas empresas. O território tem, pois, um papel importante na formulação social brasileira, havendo ainda muito pouca compreensão sobre essa dimensão nova dos estudos a seu respeito.

Para que os conflitos e confrontos pudessem ser revelados e uma concepção mais crítica de cidadania pudesse ser construída, seria necessário menos prescrição e mais orientação teórica e metodológica para se desenvolver conhecimentos que tomassem como referência o espaço local, posto que o(a) cidadão(ã) é sempre o(a) cidadão(ã) de um lugar, de um espaço.

Dessa forma, levando em conta seu cotidiano, seu espaço vivido, mas também tendo acesso à identificação e análise dos processos históricos constituintes do espaço geográfico, o(a) estudante do Ensino Fundamental poderia dar passos mais largos em direção à cidadania de fato efetiva.

Como vemos as formas de viver/sentir/pensar o tempo, ao longo da história, não são homogêneas, nem tampouco aparecem iguais nos diferentes grupos sociais que compartilham de uma simultaneidade temporal. Sua compreensão varia de acordo com as concepções de mundo predominante, e é sempre uma construção histórico-cultural. Mesmo considerando apenas um grupo, a forma de sentir, vivenciar ou medir o tempo não é tão homogênea assim, pois existe uma dimensão subjetiva, em que outras questões, que não apenas as de cunho social e cultural, definem a relação de cada pessoa com o tempo.

Portanto, o sentido de dialógico aproxima-se significativamente do sentido de crítica, ou seja, é sempre a busca pelo entendimento histórico do presente, sobre o qual se abrem novas condições de atuar, entendendo como nos tornamos o que atualmente somos.

De acordo com Kosik (1976), o conhecimento da realidade não se dá pela experiência imediata, mas por meio de abstrações que permitam o estudo de sua gênese, assim como dos fatores que influenciaram e determinaram seu desenvolvimento e sua manifestação fenomênica. O método dialético analisa, portanto, as contradições existentes entre a essência e a aparência, investigando as relações entre as partes de forma a compreender o fenômeno em sua totalidade.

Saviani (1991), discutindo a necessidade de o(a) educador(a) brasileiro(a) passar do senso comum para a consciência filosófica na compreensão de sua prática educativa, aponta o método materialista histórico dialético como instrumento desta prática e explica, para isto, a superação da etapa de senso comum educacional (conhecimento da realidade empírica da educação), por meio da reflexão teórica (movimento do pensamento, abstrações), para a etapa da consciência filosófica (realidade concreta da educação, concreta pensada, realidade educacional plenamente compreendida).

A Pedagogia Histórico-Crítica é conhecida como Dialógica. Significa que ela é uma forma específica de prática, em pontos muito precisos. Segundo Saviani (1994) para que o trabalho educativo possa contribuir com os indivíduos em sua formação das objetivações em-si para o acesso às objetivações para-si, é necessário que possibilite aos indivíduos o acesso ao saber social, cultural, político, ou seja, o saber sobre a vida social vinculado ao saber científico.

Para Duarte (1993), a atividade vital humana exige uma atividade comunicativa e essa atividade comunicativa foi se objetivando em processos ao longo da história, gerando a linguagem. A linguagem é uma síntese da atividade do pensamento, a apropriação e objetivação entre a linguagem e o pensamento se enquadram na categoria de primeiro ato histórico, já que, em determinado momento, o Homem necessitou comunicar-se com os outros e essa comunicação deu-se por meio da linguagem como ocorre no caso dos instrumentos, e em todo o ato de trabalho para superar necessidades humanas.

Além dos instrumentos e da linguagem, as relações entre os seres humanos são também objetivações da atividade vital. Nesse caso, segundo Duarte (1993) trata-se de determinados tipos de atitudes entre os Homens que vão se fixando, se objetivando e sendo apropriadas por cada pessoa durante sua vida. Esse tipo de objetivação, assim como a linguagem, significa o acúmulo da experiência, da síntese da atividade humana em que cada ser humano ao apropriar dessas objetivações, passa a agir no âmbito das condições sociais, as quais não resultam da natureza e sim da história das atividades de outros(as) homens/mulheres.

É no ambiente escolar e através da mediação do trabalho educativo que os indivíduos terão acesso aos conteúdos responsáveis pela apropriação das objetivações genéricas para-si. Portanto, as objetivações genéricas para-si estão diretamente ligadas à apropriação dos conteúdos e sua assimilação não ocorre de forma espontânea, mas, sim, intencional.

A Ciência, a Arte, a Filosofia e a EDH são exemplos de objetivações genéricas para-si. Essas objetivações, de acordo com Duarte (1993), permitem aos indivíduos alcançarem instâncias além da vida cotidiana.

É nessa práxis de comunicar que o sujeito transforma o mundo e por ele é transformado à medida que traz o diálogo como elemento prático-moral e estético-sensível.

No entanto, não se trata de supervalorizar relações permeadas pela alienação cotidiana própria da sociedade de classes, que, justamente por suas características, em nada contribui para o desenvolvimento das funções psicológicas dos indivíduos — sejam eles(as) professores(as) ou estudantes — mas, ao contrário, os enreda em um universo alienado e alienante.

Entendendo a ação humana como historicamente datada, resultante da complexa trama social, não podemos conceber uma formação *para* a cidadania que não seja fundamentalmente engendrada por projetos que disputam a hegemonia no campo da sociedade civil. Dessa forma, vale dizer que a emancipação político-econômica só é passível de ser pensada, e mesmo efetivada, após a emancipação cultural. É por meio dessa emancipação que podemos redefinir o sentido de cidadania, posto que não é outorgando direitos que se poderá alcançar a elevação das classes subalternizadas.

Nesse novo mapa cultural e político, situa-se o território da chamada crise da educação, de valores, de direitos vivenciados de forma aguda e complexa pela sociedade brasileira contemporânea. Explorar esse território, contestá-lo e transformá-lo, implica enfrentar uma temática óbvia para nós educadores(as): a relação orgânica entre educação, cultura, memória e ensino.

Significa dizer que a EDH é uma prática social que serve para prover as pessoas de instrumentos para melhor ler, interpretar e atuar na sua realidade. Portanto, mais do que em qualquer outro momento, hoje a noção de cidadania ativa se faz estrategicamente necessária. É tratá-la como direito humano, resgatá-la como produtora de justiça social.

Nessa nova conjuntura mundial, os Direitos Humanos foram adquirindo um novo *status*, como um tema de caráter global, ensejando a possibilidade de tornar-se uma nova linguagem progressista e com forte perspectiva emancipatória.

Na tentativa de responder às novas exigências que surgem na sociedade *"globalizada"*, envolvendo políticas de caráter multipolar, em contraposição ao mundo bipolar e o consequente emperramento e descrédito da ONU, toma vulto debates em torno de soluções dos conflitos engendrados por essa nova configuração geopolítica fragmentada, propondo temas de alcance internacional. Desse modo, na agenda global, temas como os direitos humanos e o meio ambiente transformaram-se em temas fundamentais e constitutivos da maior parte dos debates em relações internacionais.

Dentre os principais documentos firmados pelo Brasil no âmbito internacional, destaca-se o documento resultante da Conferência Intergovernamental de Educação Ambiental de Tbilisi, que foi promovida no Município da Geórgia (ex-União Soviética), em 1977. Sua organização ocorreu a partir de uma parceria entre a UNESCO e o então ainda recente Programa de Meio Ambiente da ONU (PNUMA). Nesse encontro foram formulados objetivos, definições, princípios e estratégias para a Educação Ambiental que até hoje são adotados em todo o mundo.

Outro documento internacional de extrema relevância é o Tratado de Educação Ambiental para Sociedades Sustentáveis e Responsabilidade Global, elaborado pela sociedade civil planetária, em 1992, durante a Conferência das Nações Unidas sobre Meio Ambiente e Desenvolvimento (Rio-92). Esse documento, além de firmar com forte ênfase o caráter *crítico* e *emancipatório* da Educação Ambiental, desponta também como elemento que ganha destaque em função da alteração de foco do ideário desenvolvimentista para a noção de sociedades sustentáveis, construídas a partir de princípios democráticos, em propostas participativas de gestão ambiental e de responsabilidade global.

Assim sendo, a descoberta do buraco na camada de ozônio e o crescente desmatamento, entre outros tantos problemas, foram relevantes para que o tema do meio ambiente ganhasse visibilidade e resultasse na realização, em 1992, na cidade do Rio de Janeiro, da Conferência das Nações Unidas para o Meio Ambiente e o Desenvolvimento (UNCED). A ECO-92 consagrou o conceito de desenvolvimento sustentável, o qual foi sintetizado no principal documento produzido na Conferência, a Agenda 21.

Na mesma direção, na RIO +20, os setores da sociedade civil incorporaram os Direitos Humanos como elemento essencial para a redução da pobreza na pauta ambiental. A preservação do meio ambiente pode ser uma mola-mestra para um crescimento econômico diferente, mas tendo o ser humano como medida e, por isso, o convívio pleno com a natureza.

O atual modelo de desenvolvimento nos levou a padrões de produção e consumo que acentuam as desigualdades sociais e a insustentabilidade no manejo dos recursos naturais que o planeta oferece.

A crise econômica em curso, cujas dimensões ambiental e social são evidentes, também tem impactado de maneira negativa na vida de todo o mundo, ampliando a pobreza, a insegurança alimentar, a restrição dos direitos sociais, a migração, o desemprego e a precarização do trabalho. Por isso, os direitos humanos não podem continuar sendo vistos e analisados de forma isolada e relativa, é necessário considerar a universalização dos mesmos dentro do contexto histórico, cultural e econômico o qual passa a sociedade contemporânea.

Nesse sentido, a junção de uma série de fatores influencia os países ricos que passaram a utilizar e reivindicar o respeito aos Direitos Humanos como condicionante para a assistência e a cooperação econômica com os países pobres, assim como a preocupação com os fluxos migratórios dos países pobres rumo aos centros mais desenvolvidos que também entram na pauta internacional.

Dessa maneira a Educação em Direitos Humanos vem ganhando ênfase no âmbito dos instrumentos e programas internacionais e nacionais. Diversos instrumentos internacionais adotados sob a égide das Nações Unidas visam nomeadamente promover a igualdade e combater a intolerância, por exemplo: Convenção para a Prevenção e Repressão do Crime de Genocídio (1948); Pacto Internacional sobre os Direitos Civis e Políticos (1966); Pacto Internacional sobre os Direitos Econômicos, Sociais e Culturais (1966); Convenção sobre a Eliminação de Todas as Formas de Discriminação contra as Mulheres (1979) e a Convenção sobre os Direitos da Criança (1989). Na década de 1990 ocorrem, a IV Conferência Mundial sobre a Mulher, realizada em Beijing, em 1995, e em Istambul, em junho de 1996, a Conferência sobre Assentamentos Humanos (Habitat II).

Em 1993, tivemos a II Conferência Mundial sobre Direitos Humanos convocada pela Organização das ações Unidas (ONU), sediada em Viena. Dessa saiu um dos mais abrangentes documentos acerca do tema dos Direitos Humanos: a Declaração e Programa de Ação de Viena. A Conferência de Viena consagrou a universalidade e a indivisibilidade dos Direitos Humanos. Viena reafirmou o direito de autodeterminação dos povos e o reconhecimento do direito ao desenvolvimento econômico e social.

Nas duas últimas décadas, houve, por outro lado e em paralelo ao desenvolvimento das normativas de Direitos Humanos, a construção de uma série de acordos internacionais como a Declaração de Educação para Todos (Jomtiem, Tailândia, 1990), que uma década mais tarde foi novamente consensuada no Fórum Mundial de Educação (Dacar, Senegal, 2000) e, mais recentemente, os Objetivos do Milênio.

Outro ponto que merece destaque diz respeito à Conferência Mundial das Nações Unidas contra o racismo, discriminação racial, xenofobia e outras formas de intolerância correlatas, ocorrida em 2001, em Durban (África do Sul), evento de importância crucial nos esforços empreendidos pela comunidade internacional para combater o racismo, a discriminação racial e a intolerância em todo o mundo.

Nesse campo, que inclui atores diversos como UNESCO, UNICEF, PNUD, Banco Mundial e organizações da sociedade civil, foram acordadas metas para a inclusão de todas as pessoas nos sistemas educativos, incluindo redução do analfabetismo, igualdade de gênero na educação, e acesso à escola para todas as crianças que hoje estão de fora.

Em decorrência dessa amplitude, Santos (2006) discute e apresenta as condições para reforçar o potencial emancipatório dos Direitos Humanos, no duplo contexto da globalização e da fragmentação cultural, justificando uma política progressista de Direitos Humanos em âmbito global e local. Nesse cenário, marcado por globalização neoliberal, terrorismo internacional e recrudescimento do liberalismo econômico, os Direitos Humanos vão se transformando na linguagem da política progressista para reinventar a linguagem emancipatória.

A EDH é entendida, hoje, como um conjunto de processos de educação formal e não formal, orientados para a construção de uma cultura de respeito à dignidade humana, através da promoção e da vivência dos valores da liberdade, da justiça, da igualdade, da solidariedade, da cooperação, da tolerância e da paz. Trata-se de uma educação de natureza permanente, continuada e global.

A educação é um elemento fundamental para a realização desta "contra-hegemonia". Não apenas a educação escolar, mas a educação no seu sentido amplo que implica na educação escolar, mas que não se basta permanecer nela, porque o processo educativo começa com o nascimento e termina apenas no momento da morte do ser humano. E é nessa luta que se apreende o compromisso com o respeito pelos direitos de outras pessoas ou grupos sociais, portanto, com seus deveres. Esse movimento construído pela luta da sociedade civil denominamos cidadania ativa (BENEVIDES,

2007), que se distingue da cidadania passiva, aquela outorgada pelo Estado, com a ideia moral da tutela e do favor.

Como aponta Chaui (1989), numa perspectiva transformadora a cidadania não se restringe a conquistas de direitos civis, políticos e sociais[1], sendo, portanto concreto a ser erigido historicamente por meio de lutas presentes nos movimentos sociais tradicionais (sindicato e partidos) e também nos novos (mulheres, negros, homossexuais, ecologistas, grupos oriundos da periferia etc.), tanto quanto em reflexões propostas por intelectuais comprometidos com a construção de uma sociedade socialmente justa e igualitária.

Para isso, é importante garantir dignidade, igualdade de oportunidades, exercício da participação e da autonomia aos membros da comunidade escolar.

Nesses termos, a cidadania ativa requer a participação na esfera pública, portanto, a relação com outros atores, com interesses divergentes e diversos. Tem como base o respeito em relação às diferenças e a superação das desigualdades sociais, bem como a capacidade de dialogar, buscar consensos que privilegiem a maioria dos envolvidos, ou, num sentido mais amplo, o bem comum.

Tal processo não é fácil de ser produzido, dado o emaranhado de interesses e a necessidade de construção de outra cultura de solidariedade.

O exercício da cidadania ativa pressupõe e, ao mesmo tempo, fortalecer a democracia, entendida em seu sentido pleno, como aquela que respeita os direitos civis e políticos, mas também os direitos econômicos, sociais, culturais e ambientais que, juntos, indivisíveis, conformam o conjunto dos direitos humanos.

---

1. Segundo Bosco (2003), a conquista-se destes direitos circunscreve-se a concepção liberal de T. A. Marshall, segundo a qual o conjunto desses direitos são essenciais para a garantia da liberdade individual, da sobrevivência material e da participação de todos os indivíduos nas instâncias políticas de uma sociedade.

Discutir a questão dos direitos humanos no espaço escolar público, demanda um entendimento da construção histórica dos conceitos de direitos humanos e de democracia, e das suas relações com o contexto político e social, sabendo de antemão que esses conceitos se complementam e são produzidos nessas relações.

Corroborando com a importância da educação em direitos humanos no espaço escolar, o texto sobre as Diretrizes Nacionais para a Educação em Direitos Humanos compreende que,

> A escola de educação básica é um espaço privilegiado de formação pelas contribuições que possibilita ao desenvolvimento do ser humano. A socialização e a apreensão de determinados conhecimentos acumulados ao longo da história da humanidade podem ser efetivados na ambiência da educação básica por meio de suas diferentes modalidades e múltiplas dimensionalidades, tais como a educação de jovens e adultos, educação no campo, educação indígena, educação quilombola, educação étnico-racial, educação sexual, educação ambiental, dentre outras. (BRASIL, CNE, 2012, p. 12)

Educar, segundo essa perspectiva, é entender que os direitos humanos significam (devem significar) prática de vida em todas as áreas de convívio social dos sujeitos: na família, na escola, no trabalho, na comunidade, na igreja e no conjunto da sociedade. É trabalhar com a formação de hábitos, atitudes e valores com base nos princípios de respeito ao outro, de alteridade, de solidariedade, de justiça, em todos os níveis e modalidades de ensino.

O grande desafio é compreender que o processo de participação é fundamental na implementação de Educação em Direitos Humanos. Segundo Bobbio "a educação para a democracia surgiria no próprio exercício da prática democrática" (2000, p. 43). Assim, a participação em espaços políticos faz com que o indivíduo se eduque para a participação e não necessariamente o contrário. É um processo dialético.

A escola tem seu papel nessa realização, pois cabe a ela, também, educar a criança e o(a) jovem para a democracia, sendo esta também democrática. Mas o processo pedagógico que estamos discutindo aqui diz respeito ao envolvimento das camadas trabalhadoras no processo de participação política e, assim, na vivência deste, e a partir dele, estabelecer-se um aprendizado no que diz respeito à cidadania ativa.

No bojo desse mesmo discurso pactuado pela chamada "comunidade internacional" estão perspectivas muito diversas e disputadas. Nem todos os(as) atores que clamam pelo direito à educação se referem aos propósitos acordados finalmente na Declaração Universal de Direitos Humanos (1948).

Aqui se faz necessário trazer de volta a questão central sobre os propósitos dessa educação, já que, na contemporaneidade, são diversos os(as) atores e setores que sob essa mesma bandeira escondem entendimentos diferentes. Um exemplo nesse sentido seriam os discursos que vinculam a educação exclusivamente ao progresso e ao desenvolvimento, configurando assim uma relação instrumental e reducionista — nesse caso, a realização do direito poderia se dar com a aquisição de habilidades técnicas básicas.

Dentro dessa perspectiva, ganharam adesão as teorias multiculturais relativistas, que são atualmente questionadas não só a partir de uma ótica cultural, mas também política. Duarte (2007) critica o fato de os discursos multiculturais relativistas terem apagado o conflito político no interesse de reivindicações étnicas, nacionalistas ou de gênero — insistindo que as injustiças econômicas e sociais não deixaram de operar e, portanto, devem ser olhadas simultaneamente, em uma tripla combinação de reconhecimento, redistribuição e participação.

Especialmente no Brasil, bem como nos demais países latino-americanos, é necessária esta leitura conjugar os debates sobre diferenças com os debates em torno das desigualdades, no momento de analisar a situação de grupos que têm seus direitos constantemente violados. Assim, essa prática se condiciona também à pertinência do que está sendo ensinado nos anos finais do Ensino Fundamental e à existência de um ambiente que respeite e promova os direitos humanos.

Na nossa sociedade tem prevalecido os interesses do capital sobre os do conjunto da sociedade, de maneira que as necessidades humanas, coletivas, têm ficado em um segundo plano. O problema central é que, de fato, o mercado capitalista propicia a exclusão e destruição dos meios de vida (FRIGOTO, 1992). Ao fazer uma análise da conjuntura social em que vivemos nos deparamos com limites impostos pelas relações de poder e de exclusão social vigentes na nossa sociedade. Há uma distribuição abissal da renda produzida no país.

Nesse sentido, para analisar as possíveis causas da não efetividade dos direitos humanos podemos pensar, como pressuposto histórico, por exemplo, a questão do direito ao trabalho como fator de exclusão social.

Como lembra Benevides (2007, p. 346), se trata de uma educação permanente, voltada para a mudança, com o desafio de criar, influenciar, compartilhar e consolidar mentalidades, atitudes e comportamentos que decorrem de valores de justiça, promoção do respeito, da paz, da dignidade humana. A negociação disso na prática cotidiana deve ser premissa de estudantes, professores(as) e comunidade escolar. A educação escolar não é o único lugar para esse trabalho, mas por certo é um dos que têm obrigação de fazê-lo. Em nosso entendimento é uma dimensão da efetivação do direito, tão prioritária, como as demais.

A partir dessa proposta pensa-se em outra forma de trabalho pedagógico nos Anos Finais do Ensino Fundamental, em que os conteúdos curriculares tenham como base a temática dos direitos humanos e a prática pedagógica priorize o diálogo, o debate, a participação, a problematização e a crítica. Nesse processo o(a) estudante é sujeito ativo e produtor do seu conhecimento, o(a) professor(a) é mediador(a) entre o conhecimento e os estudantes, e a escola é espaço de exercício permanente dos direitos humanos e da democracia.

Para finalizar, voltemos ao início, quando situamos a incorporação do conceito de cidadania nas práticas pedagógicas nos anos finais do Ensino Fundamental ao longo da última década, e que envolveu a construção de muitos conceitos, diferentes concepções de natureza epistemológica, metodológica, didática, na iniciativa de trazer para o interior das disciplinas, ou áreas, as chamadas questões urgentes, em respeito à condição humana, em sua diversidade de cor, etnias, crenças, sexos, gêneros e culturas.

Nesse sentido, há que perguntarmos: **a Educação em Direitos Humanos seria o melhor caminho para construir a cidadania ativa no espaço escolar? Na questão pedagógica, a melhor prática da Educação em Direitos Humanos seria multidisciplinar, transdisciplinar, interdisciplinar ou disciplinar?**

Na verdade, diante da complexidade do tema, principalmente, pelo processo em construção, os enfoques não são encontrados em estado puro e representam o principal desafio que a EDH tem a enfrentar nos próximos anos: o necessário resgate do seu sentido ético-político.

Como tentamos demonstrar nessa parte do livro, a EDH, embora incorporada e assegurada nos recentes documentos oficiais como proposta na dimensão da efetivação da cidadania ativa, ainda se configura em questionamentos, quanto ao método a ser utilizado, quanto à formação de professores(as), ainda, em relação à compreensão da importância da atitude política para sua concretude.

De maneira geral, o que se espera com as Diretrizes Nacionais para a Educação em Direitos Humanos é que contribuam e impulsionem novas práticas educacionais nos Anos Finais do Ensino Fundamental, ampliando princípios e conceitos, constituindo-se em caminho propício ao fomento de sujeitos críticos e atuantes publicamente na defesa dos grupos sociais desfavorecidos e discriminados.

2ª PARTE

O Ensino Fundamental e a construção da
CIDADANIA

O ENSINO FUNDAMENTAL E A CONSTRUÇÃO DA CIDADANIA

1. DIREITOS HUMANOS E A CONCEPÇÃO DA CRIANÇA E DO(A) ADOLESCENTE COMO SUJEITOS DE DIREITOS

As sociedades democráticas atuais, banhadas pelos ideais da igualdade e da liberdade, são o resultado de um longo processo que passou a identificar em direito os diferentes seres humanos, afirmando o seu pertencimento a um mundo comum.

No século XX a grande caminhada internacional em favor dos direitos humanos, especialmente os direitos infantojuvenis, tem início em 1923, quando Egalntyne Jebb, fundadora da associação inglesa *Save the Children*, redigiu, junto com a União Internacional de Auxílio à Criança, a Declaração de Genebra sobre os Direitos da Criança, documento conhecido como Declaração de Genebra e que continha cinco princípios básicos de Proteção à Infância. No ano seguinte, 1924, a Quinta Assembleia da Sociedade das Nações, ao aprovar a Declaração de Genebra, propôs aos países-membros que norteassem a sua conduta em relação à infância pelos princípios nela contidos (COSTA, 2008).

Em 1948, a Assembleia Geral da Organização das Nações Unidas — ONU amplia ligeiramente os direitos da criança inseridos nos textos de 1924 e aprova a Declaração Universal dos

Direitos Humanos. A partir daí, uma tutela internacional dos direitos humanos foi sendo promovida a órgãos, mecanismos, instituições de pessoas físicas e jurídicas.

Foi, entretanto, com a Declaração Universal dos Direitos da Criança, aprovada pela Assembleia Geral da ONU, em 20 de novembro de 1959, que se aumentou consideravelmente o rol dos direitos aplicáveis à população infantil.

Sem dúvida, pela importância inquestionável de seus princípios, a Declaração Universal dos Direitos da Criança ficou sendo um guia, um documento norteador para todas as nações.

Daí em diante, a promoção e a defesa dos direitos da criança passam a ser uma constante, envolvendo grupos e lideranças públicas, privadas, religiosas e comunitárias, para que as novas gerações possam ser encaradas com a máxima seriedade e prioridade.

A Declaração torna-se, então, um poderoso instrumento de direitos para modificar a maneira como indivíduos e comunidades entendem e agem, produzindo mudanças no panorama legal, suscitando o reordenamento das instituições, promovendo e intensificando a melhoria das formas de atenção a crianças e adolescentes.

No Brasil, com o fim do militarismo (1985), surgiu uma nova esperança em relação à promoção e defesa dos direitos da criança e do(a) adolescente.

Com a redemocratização da nação brasileira, os movimentos sociais que até então tinham a luta contra a ditadura como bandeira perceberam a urgente necessidade de ampliar e atualizar suas reivindicações e passaram a lutar pela reforma da Constituição e pela melhoria das condições de vida do povo brasileiro. Constituíram, então, grupos especificamente voltados à proteção dos direitos da criança e do(a) adolescente. A proteção integral fundamenta-se ainda na concepção de que crianças e adolescentes são sujeitos de direitos.

Na verdade, a concepção da criança e do(a) adolescente como "sujeitos de direitos" são parte de uma história coletiva de intelectuais, militantes e movimentos sociais e vêm ocupando os debates educacionais no Brasil desde os anos 30. Foi na Constituição de 1934 que, pela primeira vez, a instrução pública apareceu como direito de todos independentemente da condição socioeconômica.

Tal concepção ganha força quando o país inicia o processo de redemocratização na década de 1980. O reconhecimento desse direito afirmado na Constituição de 1988, no Estatuto da Criança e do Adolescente (ECA) e na LDB de 1996 está explícito nas Diretrizes Curriculares para a Educação Infantil e no Plano Nacional de Educação.

Não mais em uma concepção assistencialista e filantrópica, na qual se protege a criança dos perigos da ociosidade (embora ainda muitas pessoas pensem desse modo). Trata-se, agora, de proteção aos seus direitos inalienáveis, de preservação de sua identidade, nessa fase da vida, como também, do lúdico, do direito de brincar, do expressar-se livremente e, principalmente, de formação integral enquanto sujeito de direitos, direitos esses garantidos pelo ECA.

Segundo Cury (2008), a declaração do conceito de educação básica, na Lei de Diretrizes de Bases da Educação Nacional, de 1996 (LDB/1996), como direito do cidadão e dever do Estado, ampliou o espectro da cidadania em nosso país. Processo esse já iniciado na Constituição Federal de 1988 (CF/88) que declarara, no âmbito dos direitos educacionais, os deveres do Estado para com a Educação Infantil e a progressiva extensão da obrigatoriedade do ensino médio, e com a aprovação do Estatuto da Criança e do Adolescente, em 1990, adotando uma doutrina de proteção integral à infância.

Certamente, o ECA representa um grande marco na evolução jurídica do país e mesmo uma revolução ao abordar a questão social das crianças e adolescentes. Todavia, grande parte da população brasileira o desconhece na amplitude de seus textos e de seus artigos e um grande número de crianças e adolescentes continua tendo muitos de seus direitos ameaçados e violados, entre eles, o direito à educação. Segundo o artigo 53 do ECA, "a criança e o adolescente têm direito à educação, visando ao pleno desenvolvimento de sua pessoa, preparo para o exercício da cidadania e qualificação para o trabalho."

Enfim, vale reafirmar que, com a implantação do Estatuto da Criança e do Adolescente (1990), a legislação brasileira passou a contar com normas para a integral proteção à criança e ao adolescente.

O Estatuto da Criança e do Adolescente foi elaborado para ser um elemento a mais na construção do projeto de Nação delineado na Carta Magna. Para que isso ocorra, no entanto, ele terá de tornar-se conhecido e reconhecido como a Constituição da Infância e da Juventude do Brasil, por meio de um amplo processo de mobilização social. Faz parte necessariamente desse processo, levar a proposta do Estatuto da Criança e do Adolescente a todas as escolas e sistemas educacionais. Inclui-se aí a importância de se estimular uma atuação em rede de todos os agentes e instituições que possam contribuir para a garantia dos direitos da população infanto juvenil.

Mais do que uma nova lei, o Estatuto da Criança e do Adolescente é a expressão de um novo direito, ou seja, a expressão de uma resignificação da infância e da juventude na consciência ética e política de um povo, voltado para a reconstrução democrática da vida nacional.

O direito à educação constitui um direito inerente à pessoa humana, sem privilégios de sexo, raça, religião, idade ou condição social de importância incontestável. É um dos direitos básicos garantidos pela doutrina de proteção integral.

Nesse contexto, destaca-se a atuação dos fóruns estaduais de educação, que, há dez anos, participam de modo vigilante e articulado para os encaminhamentos políticos e da busca de alternativas para que o exercício desses direitos, mais do que proclamado, seja uma realidade para as populações infantis.

Para essa população infantojuvenil, o mais importante é lembrar que, se é verdade que existe no Brasil hoje uma enorme distância entre a lei e a realidade, o melhor caminho para diminuir esse hiato entre o país-legal e o país-real não é minorar a lei, mas melhorar a realidade, para que ela se aproxime cada vez mais do que dispõe a legislação.

Mais do que uma nova lei, o Estatuto da Criança e do Adolescente é a expressão de um novo direito, ou seja, a expressão de uma resignificação da infância e da juventude na consciência ética e política de um povo, voltado para a reconstrução democrática da vida nacional.

A partir desse momento, o espaço da educação, traduzido no espaço escolar e povoado por dois mundos que, até aí, se caracterizavam pela verticalidade das suas relações, assiste ao desabrochar de uma nova dinâmica conjuntural. Efetivamente, ao mesmo tempo, que a esfera escolar vê enfraquecer os indícios manipulativos sobre os(as) estudantes cujo favorecimento negligenciava a sua dignidade como pessoas e cidadãos(ãs), torna-se também imperativa a busca de um paradigma que inclua a Educação em Direitos Humanos na prática pedagógica da escola do Ensino Fundamental e demais níveis e modalidades.

Como vemos a criança que passa a fazer parte do sistema educacional e inicia sua formação para a cidadania, deve ter acesso a conhecimentos que serão necessários nos anos escolares posteriores. Deve ter também direito a professores(as) que tenham competência para promover seu desenvolvimento integral, superando, especialmente na creche, a preocupação apenas com a guarda e o cuidado.

Assim, a Constituição de 1988, o ECA em 1990, e a LDB 9.394/96 formam um conjunto de legislações, apontando mudanças significativas no que diz respeito à Educação Infantojuvenil como direito a ser assegurado às crianças.

2. O ENSINO FUNDAMENTAL — ANOS FINAIS E A EDUCAÇÃO EM DIREITOS HUMANOS: O CAMINHO PARA A CONSTRUÇÃO DA CIDADANIA ATIVA

A sociedade brasileira vem revelando, nas últimas décadas, o crescimento de novas forças sociais, nascidas na luta contra a ditadura militar implantada no Brasil em 1964 e influenciadas pelo consenso mundial de que os direitos humanos devem ser os princípios fundamentais de uma sociedade livre, solidária e justa.

Nesses termos, recoloca-se a importância estratégica da educação escolar atingir todas as pessoas como indivíduos singulares e como membros de um corpo social nacional e internacional. O conhecimento, desse modo, revela seu valor universal.

Trata-se de efetivar a igualdade de oportunidades e de condições ante direitos inalienáveis da pessoa — a cidadania e os direitos humanos (CURY, 2002).

Portanto, tendo como propósito a educação no âmbito dos direitos fundamentais, pelo princípio da igualdade de oportunidades e pela igualdade de todos(as) perante a lei, voltada para a universalização de direitos civis, políticos, sociais e ambientais. Faz-se necessário compreendermos a importância desse direito para o desenvolvimento humano, pois sem a possibilidade de crescimento intelectual, de desenvolvimento de suas aptidões cognitivas, sem incentivos à qualificação técnico profissional, o ser humano será excluído da sociedade capitalista, não usufruirá uma vida digna, e sem dignidade não poderá desfrutar dos outros direitos.

Nesse sentido, a ampliação do Ensino Fundamental no Brasil percorre uma história de lutas e contradições. Pode-se dizer que hoje a obrigatoriedade de uma determinada escolaridade é matéria consensual no mundo ocidental, acordado em diferentes momentos nas declarações internacionais (Declaração Universal dos Direitos Humanos — 1948, Declaração dos Direitos das Crianças — 1959, Declaração Universal da Educação para Todos — 1990, entre outras). Em nosso país, a obrigatoriedade da escola fundamental (gratuita) está presente desde a Constituição de 1934 — antes disso, a gratuidade presente na Constituição Imperial de 1824 era ignorada (OLIVEIRA, 2007).

Ainda que em nossa legislação nacional a obrigatoriedade da escolarização tenha sido estipulada na década de 30 e o direito à educação para todos tenha se reafirmado nas legislações subsequentes, pode-se dizer que o direito à educação por um determinado período, *para todos,* ainda não foi efetivado. Isso porque, historicamente, o direto à educação foi tratado como algo "privado", no sentido que se destina somente a poucos(as) e a alguns(mas) (as classes dominantes, impreterivelmente sempre tiveram esse direito garantido).

No ano de 1996, foi aprovada mais uma Lei de Diretrizes e Bases da Educação (9.394/1996) que, para alguns pesquisadores (OLIVEIRA, 2007), já abria possibilidade tanto dos sistemas matricularem crianças mais novas no Ensino Fundamental (art. 87, das disposições transitórias), quanto esse nível de ensino possuir mais do que oito anos de duração (art. 32, que estabelece um mínimo de oito anos para o Ensino Fundamental). Em 2001, aprovou-se o Plano Nacional de Educação (BRASIL, PNE, 2001), onde constava como meta, dentre outras, a ampliação do atendimento para 100% das crianças com seis anos de idade e a ampliação do Ensino Fundamental de Oito para Nove Anos de duração (CORREA, 2007).

Como resultado desse movimento pela ampliação do Ensino Fundamental, foram aprovadas as duas Leis em momentos distintos. Em maio de 2005 aprovou-se a Lei 11.114 (BRASIL, 2005) que alterava a LDB (BRASIL, MEC, 1996) no que se referia à idade para ingresso obrigatório, passando-a dos sete para os seis anos. Em fevereiro de 2006 foi aprovada a Lei Federal n· 11.274, que alterava na LDB a duração do Ensino Fundamental de Oito para

Nove Anos, com início aos seis anos de idade. As duas leis tiveram impactos diretos na organização da educação básica, pois representaram mudanças tanto na etapa do Ensino Fundamental quanto na Educação Infantil.

É importante destacar que desde 2004 o governo brasileiro explicitava nos documentos oficiais que o objetivo da ampliação do Ensino Fundamental e o ingresso da criança mais cedo na educação básica, significavam parte das ações afirmativas pelas quais o governo estava cumprindo o compromisso, antes assumido de incluir todos os(as) cidadãos(ãs) na sociedade.

Nesse contexto, em julho de 2004, o Ministério da Educação divulgou o documento "Ensino Fundamental de Nove Anos", com orientações gerais para a implantação do programa "Ampliação do Ensino Fundamental para Nove Anos". De acordo com a nomenclatura que se refere à ampliação (determinada pela Lei n. 10.172/2001), o Ensino Fundamental passou a ser subdividido em duas etapas: os Anos Iniciais, do primeiro ao quinto; e os Anos Finais, do sexto ao nono. O ingresso do(a) estudante ocorre aos seis anos de idade.

O documento reafirma princípios da Lei de Diretrizes e Bases da Educação Nacional, de 1996, como o de considerar a escola um "polo irradiador de cultura e conhecimento" e a educação, em concepção mais abrangente, corresponda aos "processos formativos que se desenvolvem na vida familiar, na convivência humana, no trabalho, nas instituições de ensino e pesquisa, nos movimentos sociais e organizações da sociedade civil e nas manifestações culturais" (BRASIL, MEC, 1996, p. 12).

A LDB (1996) estabeleceu que o currículo do Ensino Fundamental deva ter uma Base Nacional Comum, reunindo conteúdos mínimos relacionados às áreas do conhecimento, e uma parte diversificada, destinada aos conteúdos complementares "escolhidos por cada sistema de ensino e estabelecimentos escolares", de acordo com "as características regionais e locais da sociedade, da cultura, da economia e da clientela" (p. 6).

A Base Nacional Comum (BRASIL, MEC, 2005) e a parte diversificada deverão integrar-se em torno de paradigma curricular, que visa a estabelecer a relação da Educação Fundamental com a "Vida Cidadã" e com as "Áreas do Conhecimento". O documento relaciona à "Vida Cidadã", entre os vários aspectos: a) Saúde; b) Sexualidade; c) Vida Familiar e Social; d) Meio Ambiente; e) Trabalho; f) Ciência e a Tecnologia; g) Cultura; h) Linguagens.

Assim sendo, as escolas utilizarão a parte diversificada de suas propostas curriculares para enriquecer e complementar a Base Nacional Comum, propiciando, de maneira específica, a introdução de práticas pedagógicas do interesse de suas comunidades. As escolas deverão explicitar em suas propostas curriculares processos de ensino voltados para as relações com sua comunidade local, regional e planetária, visando à interação entre a educação fundamental e a vida cidadã.

Os(as) estudantes(as) ao aprenderem os conhecimentos e valores da Base Nacional Comum e da parte diversificada, estarão também constituindo sua identidade como cidadãos(ãs), capazes de serem protagonistas de ações responsáveis, solidárias e autônomas em relação a si próprios, às suas famílias e às comunidades.

Desde a Constituição Federal de 1988 o direito à educação é definido como o primeiro e o mais importante de todos os direitos sociais no Brasil. Apesar de sempre manter estreita relação com o modelo político, econômico e cultural da sociedade, o direito à educação vem se consolidar, com maior ênfase, na Constituição Federal de 1988.

Nesse sentido, "a educação, direito de todos e dever do Estado e da família, será promovida e incentivada com a colaboração da sociedade, visando ao pleno desenvolvimento da pessoa, seu preparo para o exercício da cidadania e sua qualificação para o trabalho" (BRASIL, 1988, art. 205).

O direito à educação é, nessa perspectiva, compreendido como o grande constructo do direito à dignidade da pessoa humana, incorporando na Constituição Federal os princípios legitimados na Declaração Universal dos Direitos Humanos (ONU, 1948), reconhecido como inerente a todos os membros da família humana e como fundamento da liberdade, da justiça e da paz no mundo.

Dessa forma, a Declaração de 1948, em seu artigo 26, exalta o direito de todos à educação, que deverá ser gratuita e obrigatória, pelo menos nos níveis elementar e fundamental, e ter por objetivos proporcionar o desenvolvimento pleno da personalidade humana: "todo homem tem direito à educação. A educação será gratuita, pelo menos nos graus elementares e fundamentais, e a educação elementar será obrigatória" (ONU, 1948, art. 26).

Portanto, a redação que vincula esses dispositivos em termos de "pleno desenvolvimento" ilustra a natureza orgânica da Declaração, na qual diversos direitos emanam da crença na igualdade de todas as pessoas e na unidade de todos os direitos humanos.

Ao promover o pleno desenvolvimento da personalidade e a dignidade humana, a educação também promove os direitos humanos, lembrando que a educação para a dignidade deve considerar um corolário completo de direitos (civis, políticos, econômicos e culturais).

Neste aspecto, como destacamos, o direito à educação vem se consolidar, com maior ênfase, na Constituição Federal de 1988. Nesta, de todos os direitos sociais constitucionalmente assegurados, a regulamentação do direito à educação mereceu, explicitamente, maior atenção e clareza. A perspectiva do direito à educação na Carta Magna produziu um novo panorama jurídico de direito, em especial no que diz respeito à educação infantil e ao ensino fundamental.

Assim sendo, é inegável o que essa Constituição Federal representa em termos de referência legal e garantia de direitos humanos. Entretanto, se o Brasil dá um verdadeiro salto de qualidade no plano jurídico-formal, o que se vê na realidade são os obstáculos para concretizar esses direitos.

Cury (2002) afirma que mesmo com declarações e inscrição em lei, o direito à educação ainda não se efetivou na maior parte dos países que sofreram a colonização. As consequências da colonização e escravatura, associadas às múltiplas formas de não acesso à propriedade da terra, a ausência de um sistema contratual de mercado e uma fraca intervenção do Estado no sistema de estratificação social produzirão sociedades cheias de contrastes, gritantes diferenças, próprias da desigualdade social.

Para avançarmos do conceito de educação como direito para o de educação como direito social precisamos de uma transformação na organização de nossos sistemas, nossos espaços, nossas concepções. O pleno entendimento de que todo e qualquer indivíduo tem esse direito e que é reconhecido a ele poder ter uma educação de qualidade no lugar em que estiver, sem exclusão espacial, deve ser o ponto de partida para a organização dos sistemas de ensino.

O direito social reconhece o direito para todos(as). Esse direito precisa ser legitimado na organização dos sistemas de ensino para que não continuem se constituindo como direito jurídico apenas.

No entanto, ainda hoje, apesar de constatar a amplitude dos direitos preconizados na Constituição Federal de 1988, denominada "Constituição Cidadã", como, por exemplo, o direito à educação, a realidade brasileira explode em violenta contradição com aqueles ideais proclamados.

De acordo com Benevides (2007), a cidadania democrática pressupõe a igualdade diante da lei, a igualdade da participação política e a igualdade de condições socioeconômicas básicas para garantir a dignidade humana. No Brasil, segundo a autora, temos a "mutilação da cidadania", pois historicamente grande parcela da população vive totalmente à margem das conquistas definidas no plano das leis e das normas, sem sequer conhecê-las.

Mondaini (2006) destaca o descompasso entre o que se encontra inscrito nas leis e o que se efetiva no plano da realidade social e entende que esta não seja uma situação de privilégio de nosso país, visto que isso também ocorre de forma análoga nos países centrais do capitalismo. Contudo, Mondaini (2006) salienta que não podemos desconsiderar as lutas históricas pelas conquistas universais no campo dos direitos humanos, pois, mesmo não superando as desigualdades sociais e econômicas, foram imprescindíveis nos avanços das sociedades democráticas.

Chaui (apud BENEVIDES, 2007, p. 8) afirma que a cidadania exige instituições, mediações e comportamentos próprios, constituindo-se na criação de espaços sociais de lutas (movimentos sociais, sindicais e populares) e na definição de instituições permanentes para a expressão política, como partidos, legislação, órgãos dos poderes públicos e mecanismos de participação popular (como conselhos, orçamento participativo, consultas populares como referendos e plebiscitos e a prática da iniciativa popular legislativa).

Diferencia-se, portanto, a cidadania passiva — aquela que é outorgada pelo Estado, com a ideia moral da tutela e do favor — da cidadania ativa, aquela que institui o cidadão como portador de direitos e deveres, mas essencialmente participante da esfera pública e criador de novos direitos para abrir espaços de participação (BENEVIDES, 2007).

Nessa perspectiva, discutir a relação entre o Ensino fundamental e a construção da cidadania é apenas uma das questões que se coloca ao considerar os mecanismos e processos decisórios que fazem parte da sociedade moderna. Dessa maneira, a escola torna-se um espaço singular para o seu desenvolvimento, mas não o único, da sociedade democrática.

Levando em consideração essas observações, a escola, através de suas práticas cotidianas, pode desenvolver ações que sejam inspiradas e alimentadas pelos valores da democracia e da cidadania.

Mas, o que pretendemos no tratamento sobre os diversos aspectos que envolvem a noção de cidadania nas práticas pedagógicas no Ensino Fundamental? Encontrar "a" definição de cidadania para, a partir daí, forjar "o" modelo de educação para o exercício da cidadania? Evidentemente que não temos essa pretensão. Na verdade, o nosso objetivo nessa parte deste livro é mostrar a complexidade que está por trás do aparente consenso no entendimento do termo cidadania e indicar uma possível visão, a partir da qual se possa pensar em educação para o exercício da cidadania, em conformidade com a Educação em Direitos Humanos.

Aliás, a palavra cidadania é bastante recorrente nas discussões que se referem às questões educacionais atuais. Diante disso, as ideias de construção, adaptação e apropriação são constantes para descrevê-la, o que a torna um termo polissêmico e passível de uma reflexão mais criteriosa.

Em que pesem as diversas transformações pelas quais passou ao longo da história, o conceito de cidadania sempre esteve ligado, por um lado, à ideia de direitos individuais e, por outro, à noção de vínculo com uma comunidade em particular.

Entre os séculos XVIII e XIX o pensamento social vai encontrar novo paradigma para compreender a cidadania e os direitos humanos, no contexto da organização político-econômica.

Nesse período, os pensadores socialistas incorporam, definitivamente, a política na vida das classes trabalhadoras e proletarias. Criam-se partidos, sindicatos e deflagraram revoluções em nome de um modo de produção menos desigual.

Entretanto, segundo Ianni (1992) foram os pensamentos de Karl Marx (1818-1883) e Frederich Engels (1820-1895) que melhor expressaram as ideias dos pensadores políticos socialistas. Para esses autores, somente com a superação do capitalismo seria possível o pleno exercício da cidadania e a sua extensão a todos(as). Desde a sua origem, o Materialismo Histórico, ou Marxismo, denunciou a exploração do(a) trabalhador(a) capitalista e defendeu a construção de uma sociedade socialista.

Servindo para fundamentar essa conquista, os marxistas colocaram em xeque a concepção da cidadania como direito natural. Na sua acepção, ela é uma conquista social baseada não só em direitos, mas, principalmente, em deveres.

Durante o século XX, cientistas sociais e historiadores(as) avançaram na compreensão do conceito de cidadania. Para Marshall (1967), ela está dividida em três instâncias: direitos civis (século XVIII), direitos políticos (século XIX) e direitos sociais (século XX). Tomando como referência principalmente a sociedade inglesa, o autor observa que a conquista desses direitos, que pressupõem também deveres e obrigações, dá-se na Europa, de forma sequencial e nessa ordem, a partir do século XVIII.

Ao garantir os direitos civis, políticos e sociais, o Estado asseguraria que cada integrante da sociedade fosse capaz de participar e desfrutar da vida em comunidade.

Essa concepção teve grande influência no debate das décadas seguintes, sendo criticada, sobretudo, por duas correntes. Uma delas questionava seu caráter passivo, defendendo a necessidade de se incluir a participação política como dimensão essencial da cidadania; enquanto a segunda reivindicava que fosse levado em conta também o pluralismo social, étnico e cultural das sociedades modernas.

Para garantir direitos de cidadania, o Estado deve garantir igualdade de todos perante a lei, mas o que significaria isso numa sociedade desigual, com multidões historicamente excluídas? Era o que questionava essa segunda corrente, reivindicando reconhecimento de direitos específicos de grupos que se sentiam excluídos não somente pela situação socioeconômica, mas também por sua identidade sociocultural. A preocupação pela situação das classes trabalhadoras que motivou os estudos do pós-guerra somavam-se os desafios de garantia de direitos e inclusão de minorias étnicas e religiosas, negros(as), mulheres, povos aborígenes etc.

Ficava cada vez mais nítido, nos debates das décadas seguintes à Segunda Guerra Mundial, que a cidadania não era simplesmente um *status* legal definido por um conjunto de direitos e responsabilidades, mas sim uma identidade, uma expressão de pertencimento a uma comunidade política.

É nesse momento que um crescente número de teóricos começa a busca por uma concepção de cidadania diferenciada.

Na dinâmica contemporânea, portanto, nos parece que um desafio na busca de um conceito de cidadania, é que nele se considere a dimensão da diferença (somando-se à desvantagem socioeconômica, as especificidades étnicas e socioculturais) e a dimensão da participação política.

Nesse esforço empreendido para discutir a noção de cidadania, não podemos deixar de fazer uma referência à condição de cidadão conforme sua configuração no contexto da Antiguidade Ocidental, ainda que de forma superficial, sem a pretensão de promover minuciosa análise histórica.

Dessa maneira, a primeira referência histórica ao conceito de cidadão (etimologicamente "filho da pólis", ou indivíduo que pertence à cidade e é nela reconhecido) situa-se na Grécia antiga (PINSKY, 2003), mais precisamente no pensamento de Aristóteles, autor que abordou sistematicamente as relações sociais da época e nas quais uma particular concepção de cidadania se apresenta como elemento legitimador das práticas da vida comunitária.

Embora na época determinados conceitos estivessem restritos aos cidadãos, em relação ao total de habitantes da cidade (não cidadãos, ou escravos, comerciantes, mulheres e estrangeiros), na Grécia antiga a noção de cidadania implicava um modo ético de ser e agir do homem grego, concretizada na participação política no traçado dos destinos da pólis e a classificação das pessoas em classes, com diferenciação nas correspondentes funções sociais, denotando a estrutura capaz de atender as necessidades práticas do cotidiano.

Em termos menos filosóficos e mais práticos, a cidadania configurava-se como condição e referência para a participação política no governo da pólis. Portanto, a busca dos gérmens da noção de cidadania que estamos a comentar, não conheceu propriamente a palavra "cidadania", mas apenas a palavra "cidadão" (polites — aquele que está vinculado a polis), de forma que as nossas referências à cidadania na Grécia são construídas, linguisticamente, pela paráfrase "condição de cidadão".

Ainda que esta reflexão seja muito importante, comumente difundida, não é nossa intenção fazer a discussão do conceito de cidadania[2] de forma mais ampla, pois historicamente varia tanto no tempo como no espaço, mediando e completando a utilização de outras noções, como sociedade civil e liberdade, por exemplo.

Julgamos interessante fornecer alguns elementos que propiciem a reflexão sobre a construção "do que se quer" por cidadania na prática pedagógica nos Anos Finais do Ensino Fundamental, considerando que as instituições escolares, nesse nível de ensino, estão trabalhando com jovens. Questões como: **"o que se quer construir? E como?"**, parecem-nos fundamentais.

Tendo-se isso em vista, é salutar que essa perspectiva seja levada ao âmbito do ensino e do espaço escolar, devendo-se orientar os(as) profissionais envolvidos(as) como primeira referência na reflexão sobre determinadas práticas e princípios que se tornam essenciais para a EDH.

Fala-se muito na importância de formar cidadãos(ãs) por meio da educação, atribuindo-se ao sistema escolar uma função que deveria pertencer à sociedade como um todo.

---

2. Para análise e aprofundamento da construção histórica do conceito cidadania, indicamos a tese de doutorado de SILVA, Aida Maria Monteiro (2000) que utiliza como referência os Estudos de Dalmo Dalari. Historicamente, a concepção de cidadão decorre da ideia da igualdade política e da participação de todos. Essa ideia permeou a Grécia antiga e foi resgatada pela Revolução Francesa.

Também já está bastante difundida a ideia de que a escola deve atuar para a produção das identidades socioculturais dos(as) estudantes na perspectiva da cidadania. Mas, para constituírem-se cidadãos(ãs) é necessário o domínio de categorias e conceitos que permitam compreender e intervir no mundo.

Desta forma, para que se possa participar da vida na sociedade moderna, isto é, para ser cidadão(ã), é necessário que a formação oferecida pela escola disponha de instrumentos voltados para o fortalecimento dos canais de participação popular, permitindo a decodificação e ação no mundo.

Nesse contexto, seguindo a tendência do final da década de 1980, educar para a cidadania tornou-se, a partir da década de 1990, um princípio geral nos documentos oficiais que versam sobre a educação escolar e, ao mesmo tempo, estabelecem diretrizes para a atuação de professores(as) nos três níveis de ensino. As determinações da Constituição "cidadã" de 1988, da Lei de Diretrizes e Bases da Educação Nacional (BRASIL, MEC, Lei n. 9.394/1996) e dos Parâmetros Curriculares Nacionais (BRASIL, 1998), possuem estreitos vínculos com os Programas Nacional e Estaduais de Direitos Humanos, ao apregoarem que a educação formal deve ser o meio fundamental na promoção e defesa dos direitos humanos, e deve estar voltada para a formação da cidadania.

Verifica-se, portanto, que em termos de objetivos formativos há preocupações semelhantes, centradas na formação de um(a) estudante que seja capaz de posicionar-se criticamente frente à realidade. Entretanto, apesar dos documentos apresentarem os mesmos objetivos gerais representam projetos políticos e intencionalidades dissonantes do que é apregoado em termos de objetivos para a formação da cidadania.

Diferentemente do cenário político neoliberal, onde a educação foi reduzida a soluções de natureza técnica, com forte tendência economicista, as Diretrizes Nacionais para a EDH (BRASIL, MEC/CNE, 2012) apontam para a necessidade de incorporar na escola o seu sentido político, dando-lhe condição de ser um agente a serviço da cidadania e da mudança social.

Como vemos, no caso da escola, essas influências podem ser mais significativas tendo em vista que, como afirma Ferreira (1993, p. 5), "A prática educativa sempre traz em si uma filosofia política, tenha o educador consciência disso ou não".

A intencionalidade a que se refere à prática educativa requer a consciência de que tipo de formação se pretende, pois o ato educativo requer a reflexão e a análise.

Diante do exposto, delimitada a finalidade da educação pela formação da cidadania, como preceito na LDB (1996), a reflexão que se segue é como atingi-la, tendo em vista as especificidades dos anos finais do Ensino Fundamental, com a ênfase nos conteúdos que a caracterizam e as relações de ensino-aprendizagem que envolvem a docência, aspectos que podem interferir na formação que se pretende.

A busca pela igualdade e universalização de direitos, requer a reflexão de que tipo de atuação pedagógica seria viável para um ideal como este e, de acordo com Candau et al. (2000, p. 92), depende principalmente da consciência de que se deve "[...] colaborar na construção de uma prática educativa mais participativa e dialógica, na qual o cotidiano escolar esteja permeado pela práxis dos direitos humanos".

Ainda destacamos as incorporações da temática, as quais consideramos contemplar alguns aspectos que permitem a compreensão de como a Educação em Direitos Humanos pode representar uma conquista em relação à mudança de mentalidades, no que se refere à igualdade de direitos entre homens e mulheres e, como a efetivação da educação nesses moldes tem sido dificultada por alguns entraves, principalmente em relação ao Ensino Fundamental dos Anos Finais.

A proposta de uma educação pautada na igualdade de direitos e nos preceitos da Declaração Universal dos Direitos Humanos (1948), apesar de representar uma conquista, no que se refere à possibilidade de uma sociedade democrática, percorre um caminho tortuoso para sua efetivação.

No Brasil, assim como em quase toda a América Latina, as primeiras experiências de educação em direitos humanos se iniciaram a partir da década de 1980, momento de luta pela democratização após os períodos de ditaduras militares (SACAVINO, 2007).

Após quase três décadas marcadas pela ausência de democracia e liberdade de expressão decorrentes da ditadura militar, o Brasil passou a vivenciar o processo de redemocratização a partir das conquistas cidadãs, advindas de lutas e utopias em busca de um país melhor. Uma dessas conquistas foi a modificação do entendimento de política social, inicialmente estendida somente aos(as) trabalhadores(as) que possuíam vínculo empregatício, passando a ser de cobertura universal depois do processo da constituinte, visando a atingir a toda a população, principalmente os menos favorecidos historicamente.

Isso ocorre porque, segundo Candau et al. (2000), é no contexto da construção de um novo Estado de direito que emerge a preocupação com a construção de uma nova cultura política e uma cidadania ativa, profundamente marcada pelo reconhecimento e afirmação dos direitos humanos. Nesse horizonte, a Educação em Direitos Humanos aparece com um potencial especialmente relativo e significativo.

As constatações apresentadas por Candau et al. (2000) a respeito da preocupação com a construção de uma nova cultura baseada em uma sociedade democrática podem ser comprovadas com a promulgação da Constituição Federal no ano de 1988, reconhecida como constituição cidadã, devido aos avanços dos direitos sociais.

A Educação em Direitos Humanos tem a partir da Constituição, uma série de referências, fundamentos e marcos jurídicos.

A educação, além de ser um dos Direitos Humanos, é também um suporte fundamental para a realização de outros direitos.

Educação em Direitos Humanos, juntamente com a educação para a cidadania democrática e educação para o respeito mútuo e compreensão, é vital para todas as nossas sociedades. A EDH contribui para a promoção da igualdade, autonomia e participação, bem como prevenção e resolução de conflitos. Em resumo, é um meio para desenvolver as sociedades onde os direitos humanos de todos(as) são respeitados, protegidos e cumpridos.

Para Candau et al. (2000), a EDH idealizada em um contexto histórico marcado pelo clima de mobilização social tem, na atualidade, o desafio de se desenvolver em outro contexto, marcado pelo acirramento das políticas e ideologias neoliberais.

Como destaca Candau et al. (2000), sem dúvida, esse será o grande desafio da EDH em promover a luta em prol da ampliação das oportunidades de educação no cenário político de permanência do ideário contemporâneo neoliberal nos modelos de gestão por resultados, disseminados no campo educacional, os quais utilizam argumentos empresariais a partir das inumeráveis ferramentas gestionárias encapsuladas nas teorias, ondas e modismos da globalização.

Os princípios neoliberais da qualidade total continuam a operar nas diversas instâncias do campo educacional, norteando políticas públicas que visam conter os gastos públicos e contribuir com o programa de estabilização econômica.

Segundo Gaulejac (2007), sob uma aparência pragmática, a gestão constitui uma ideologia que legitima a guerra econômica e a obsessão pela produtividade. Os gestionários instalam nas mentes uma cultura de alto desempenho na corrida pela produtividade, criando um clima de competição para alcançar metas, acarretando o esgotamento profissional, o estresse e o sofrimento no trabalho. Em resumo, o autor conclui que vivemos numa sociedade de mercado no qual transborda a lógica da gestão como "doença social" (GAULEJAC, 2007).

Todo esse discurso sobre "Gestão Eficiente" da educação que se vê no Brasil, justificando os índices como instrumentos fundamentais para melhoria da qualidade do ensino têm a ver com as necessidades de transformação na economia — agora e a futuro — e contêm as mesmas limitações já examinadas em outros países: o condicionamento da educação à lógica das corporações e suas necessidades estratégicas de mão de obra (FREITAS, 2011).

Sob essa ótica, a educação é entendida como meio de produção como tem sido chamado pelos economistas de "capital humano". Nesse sentido, para compreender nosso tempo e tendo em vista que a EDH se dá num contexto socioeconômico, cultural, histórico e político; consideramos urgente compreendermos como essas transformações resultantes de uma nova fase de acumulação capitalista têm repercutido na organização social, pautada pelo trabalho economicamente produtivo, bem como de que maneira essa afeta a educação.

Santos (1998) nos alerta sobre como essa crença no mundo do pragmatismo triunfante tem influenciado os rumos da educação:

> O projeto educacional atualmente em marcha é tributário dessas lógicas perversas. [...] É nesse campo de forças e a partir deste caldo de cultura que se originam as novas propostas para a educação, as quais poderíamos resumir dizendo que resultam da ruptura do equilíbrio, antes existente, entre uma formação para a vida plena, com a busca do saber filosófico. (SANTOS, 1998, p. 128)

Como vemos Milton Santos, acreditando no poder da reação da sociedade civil, assinala para duas possibilidades no cenário político contemporâneo. Da disputa de forças no campo político emergiria novas propostas em contraposição ao projeto do pragmatismo triunfante.

Retomando as inquietações de Candau et al. (2000) a respeito do desafio da EDH no contexto histórico marcado pelo acirramento das políticas e ideologias neoliberais, faz-se necessário discutir as duas concepções bastante distintas no sentido dado à "educação".

A primeira das concepções é entendida num sentido mais amplo, como formação humanizadora para uma vida plena que, como tal deveria ser o motor da busca de formas melhores de sociabilidade entre os seres, que viveriam segundo formas de convivência mais igualitárias e, portanto, mais justas: a EDH.

Quanto à segunda concepção, referimo-nos ao "pragmatismo triunfante". A definição dos objetivos educacionais a partir das teses do mercado que são tomadas por equipes de assessorias junto ao poder público. Sem levar em consideração as especificidades culturais locais e acima de um projeto nacional para a sua juventude, emerge uma proposta baseada na aferição de "resultados educacionais" (FREITAS, 2011).

Como a formação para a cidadania não importa, bastaria reproduzir na sala de aula a cartilha que lhe é entregue, preocupando-se somente com a aprendizagem dos conteúdos aferidos nas avaliações definidoras dos índices.

Ao privilegiar a aprendizagem de conteúdos impostos e desprezar o fato de que ensino/aprendizagem constitua uma relação dialética, eliminaria o entrave autonomia intelectual no processo de imposição de sua proposta neoliberal.

O que deve ser valorizado são os resultados dos índices. Seus resultados indicam aquilo que deve ser prioritário na escola retirando dela elementos de análise crítica da realidade e substituindo-se por um "conhecimento básico", um corpo de habilidades básicas de vida, suficiente para atender aos interesses do capitalismo contemporâneo e limitado a algumas áreas de aprendizagem restritas: português e matemática.

Dessa maneira, restringe o currículo de formação infantojuvenil e deixa muita coisa relevante de fora, exatamente, o que se poderia chamar de "boa educação" (2011, p. 12).

Para o neotecnicismo (FREITAS, 2011), a educação somente pode melhorar por adição de tecnologia e aumento de controle

— sobre diretores(as), professores(as) e estudantes — via avaliação de pesquisa de desempenho, responsabilização e técnicas de pagamento por meritocracia combinadas com privatização.

À vista do exposto, fixar as diretrizes da educação a partir de uma padronização curricular baseada em índices, bônus e cumprimento de metas, não é outra coisa senão estabelecer os parâmetros, os princípios, os rumos que se deve imprimir à educação no país. E ao se fazer isso estará sendo explicitada a concepção de homem/mulher, sociedade e educação intencionada.

Portanto, qual a concepção de homem/mulher devemos buscar a Educação em Direitos Humanos?

Como se vê, a concepção pragmática de educação nega a perspectiva humanizadora por não compartilharem de valores e objetivos comuns. Assim, a segunda ("pragmatismo triunfante") parece não entender a educação como formação para vida plena, nem como possível, ou sequer apropriada para todos(as).

Constata-se que esta proposta da instrução básica do "pragmatismo triunfante" representa o discurso necessário para incluir o "cidadão" na concepção utilitarista de educação, centrada na ótica das novas exigências do capitalismo neoliberal, negando a emancipação humana.

Assim, nesse jogo de forças, é preciso refletir profundamente sobre a concepção do "pragmatismo triunfante", reafirmando o objetivo de buscar a igualdade de condições para o acesso e a permanência na escola de todos(as) os(as) estudantes, sem que ocorra qualquer tipo de discriminação.

Definitivamente o que norteia o discurso nos documentos oficiais, além de um maior número de anos de ensino obrigatório, é assegurar a todos(as) estudantes um tempo mais longo de convívio escolar, maiores oportunidades de aprender e, com isso, uma aprendizagem mais ampla.

No entanto, organismos internacionais por meio de fundações privadas atuam junto aos municípios e governos estaduais, atrelados à própria dinâmica de autorreprodução do sistema do capital, no sentido de oferecer a solução em resposta às novas exigências dos documentos oficiais, transformando a escola a partir da lógica da gestão empresarial da "eficiência".

Evidencia-se, assim, a partir do cenário histórico apresentado, o quanto será desafiador construir uma proposta fundamentada na EDH, capaz de atender a diversidade de sujeitos e interesses que levam cada um(a) a buscar o conhecimento.

Desde logo, é preciso situar de onde parte tal proposta de reformulação de ampliação do Ensino Fundamental, já que a reivindicação dos movimentos de mulheres, dos fóruns de educação e dos movimentos dos(as) trabalhadores(as) da educação, sempre estiveram vinculadas à luta pela igualdade de condições para o acesso e a permanência na escola de todos(as) os(as) estudantes, garantindo o direito à educação.

No início do ano de 2009, todas as escolas públicas brasileiras e as secretarias de educação estaduais, municipais e do Distrito Federal receberam a publicação "Indagações sobre Currículo", elaborada pela Secretaria de Educação Básica do Ministério da Educação. São cinco (05) cadernos que proporcionam reflexões em torno do currículo e que propõem o estudo coletivo nas escolas e nos sistemas de ensino. A publicação consta dos títulos: I) Currículo e Desenvolvimento Humano; II) Educandos e Educadores: seus direitos e o currículo; III) Currículo, Conhecimento e Cultura, IV) Diversidade e Currículo e V) Currículo e Avaliação (BRASIL, MEC, 2009).

Ressalte-se que o referido documento foi elaborado na perspectiva de ampliar o debate sobre concepções curriculares para a educação básica. Assim, mais do que sua elaboração e distribuição, se espera a realização de discussões compartilhadas com os sistemas de ensino, a reflexão e questionamentos sobre a concepção de currículo e seus desdobramentos no interior de cada escola.

Nesse ponto, e em vários outros dos diferentes documentos, a ideia que prevalece é a de que o Ensino Fundamental de Nove Anos não traz só a novidade de mais um ano e do atendimento à criança mais nova, mas ele sugere e propõe que se faça, juntamente com a implantação de ensino, uma revisão geral do que se entende por Ensino Fundamental nos sistemas de ensino brasileiro.

Em outras palavras, o que está posto como ideal no Ensino Fundamental de Nove Anos é que se aproveite o momento de transição do Ensino Fundamental de Oito para Nove Anos, para reestruturar esse segmento de ensino. O que implica rever as práticas da escola que a constitui.

Segundo o documento Ensino Fundamental de Nove Anos: Orientações Gerais (2004), "construir políticas indutoras implica necessariamente na disseminação das novas concepções de currículo, conhecimento, desenvolvimento humano e aprendizado" (BRASIL, MEC, 2004, p. 11).

O que se vê nessas orientações é uma proposta de mudança substancial nas funções e na estrutura da escola, bem como da cultura da escola como um todo.

No entanto, a nosso ver, assumir uma nova proposta frente ao proposto pelos documentos orientadores, significa admitir uma postura que envolva o(a) estudante em uma reflexão crítica da realidade social brasileira, propiciando condições para que ele(a) trabalhe em prol da construção de uma sociedade emancipadora para todos(as).

No caso das Diretrizes Curriculares Nacionais para o Ensino Fundamental de Nove Anos, foram elaboradas com o objetivo de auxiliar o trabalho pedagógico dos(as) professores(as) em outro momento histórico.

Desse modo, no momento em que ocorre a implementação do Ensino Fundamental de Nove Anos, o documento pretende ser um referencial para a prática educativa dos(as) professores(as), no processo de elaboração dos projetos pedagógicos, para formular o planejamento de aulas e nas discussões e reflexões pedagógicas nas escolas.

No texto, os objetivos gerais para o Ensino Fundamental aparecem de forma clara e são formulados visando priorizar o desenvolvimento de capacidades nos(as) estudantes. O texto coincide com a proposta da EDH ao pensar a educação, o conhecimento, a escola, o currículo a serviço de um projeto de sociedade democrática, justa e igualitária.

Diante do ideal de construir essa sociedade, a escola, e a docência são obrigados a se indagar, repensar o currículo e tentar superar as práticas e a cultura seletiva, excludente, segregadora e classificatória na organização do conhecimento, dos tempos e espaços, dos agrupamentos dos(as) estudantes e, também, na organização do convívio e do trabalho dos(as) professores(as) e dos(as) estudantes. Portanto, um ideal de sociedade que avança na cultura política, social e também pedagógica. Uma sociedade regida pelo imperativo ético da garantia dos direitos humanos para todos(as).

Observa-se que o texto que compõe o documento "Indagações sobre Currículo" (BRASIL, MEC, 2007), concentra-se na contextualização e na compreensão do processo de construção das diferenças e das desigualdades na organização pedagógica do Ensino Fundamental de Nove Anos. Desse modo, destaca-se que o texto do documento "Indagações sobre Currículo" (BRASIL, MEC, 2007), com um vigor muito maior do que aqueles que os antecedem, dão grande ênfase à diversidade cultural e à diferença.

Para esse documento é importante que o(a) estudante seja capaz, em seu cotidiano, de desenvolver atitudes de solidariedade, cooperação e de repúdio às injustiças, respeitando o outro e a si mesmo, compreendendo a cidadania como participação social. Além disso, o(a) estudante deve também ser capaz de posicionar-se com criticidade, responsabilidade e de forma construtiva diante de diferentes situações sociais, utilizando sempre o diálogo.

Há necessidade de incluir no currículo outras Histórias: a das mulheres, a dos povos indígenas, a dos(as) negros(as), por exemplo. Tais inclusões preenchem algumas das lacunas mais encontradas nas propostas curriculares oficiais, trazendo à cena vozes e culturas negadas e silenciadas no currículo.

Segundo Santomé (1995), as culturas ou vozes dos grupos sociais minoritários e/ou marginalizados que não dispõem de estruturas de poder costumam ser excluídas das salas de aula, chegando mesmo a ser deformadas ou estereotipadas, para que se dificultem (ou de fato se anulem) suas possibilidades de reação, de luta e de afirmação de direitos.

Dessa maneira, ambos os documentos, as Diretrizes Curriculares Nacionais para o Ensino Fundamental de Nove Anos, o Plano Nacional de Educação em Direitos Humanos (PNEDH) (BRASIL, SEDH, 2006), e as Diretrizes Nacionais para a Educação em Direitos Humanos (BRASIL, MEC/CNE, 2012) respeitadas suas especificidades históricas, abrem caminhos para uma importante discussão: a implantação de conteúdos na educação escolar relacionados à criação de consciências que possam agir em respeito e disseminação dos direitos humanos, no que se refere não só aos temas sobre etnia e raça, mas também sobre a questão da mulher, negros(as), quilombolas, crianças e jovens, pessoas deficientes, homossexuais, lésbicas, entre outros.

Educação para o exercício da cidadania, em conformidade com a Educação em Direitos Humanos passou a significar uma possível inserção capaz de dimensionar novas perspectivas de promover e estimular situações relacionadas à prática da tolerância e do respeito às diversidades culturais, sexuais, religiosas e étnicas, a partir do cotidiano escolar, visando à formação de cidadãos(ãs) críticos(as) e conscientes de seus direitos e deveres.

Do mesmo modo, o Plano Nacional de Educação em Direitos Humanos (PNEDH), elaborado e lançado em 2003, revisto em 2006 (BRASIL, SEDH, 2006), em acordo com o Programa Mundial de Educação em Direitos Humanos (UNESCO, 2005), indica a preocupação do governo brasileiro em relação à Educação em Direitos Humanos e cidadania, ao compreender que essa é fundamental para a construção de uma sociedade justa, equitativa e democrática e, por isso, considera que

> A educação em direitos humanos deve ser um dos eixos fundamentais da educação básica e permear o currículo, a formação inicial e continuada dos profissionais da educação, o projeto político pedagógico da escola, os materiais didático pedagógicos, o modelo de gestão e avaliação. (BRASIL, SEDH, 2007, p. 24)

Desde então, foi adotada uma série de dispositivos que visam à proteção e a promoção de direitos de crianças e adolescentes; a educação das relações étnico-raciais; a educação quilombola; a educação escolar indígena; a educação ambiental; a educação do campo; as temáticas de gênero e diversidade sexual na educação; juventudes; a inclusão educacional das pessoas com deficiência e a implantação dos direitos humanos de forma geral no sistema de ensino brasileiro.

Mas, o que significa isto tudo, em termos práticos? Que pretende a escola, no Ensino Fundamental que trabalha com os anos finais, além de veicular os conhecimentos das áreas convencionais (Língua Portuguesa, Matemática, História, Geografia, Ciências Naturais, Educação Física, Arte, Ensino Religioso, e Língua Estrangeira)? Deve estar atenta às questões chamadas urgentes, uma vez que interrogam sobre a vida e a realidade, podendo inaugurar uma possibilidade de inserção nos assuntos relativos ao meio social, mediante perspectivas necessárias a serem inseridas no convívio escolar.

Além desses componentes curriculares a serem trabalhados no currículo do Ensino Fundamental Anos Finais, a Lei 11.769, de 2008, determina que a música deve ser conteúdo obrigatório em toda a Educação Básica, que não deve ser necessariamente uma disciplina, mas pode integrar o componente do ensino de

Arte como uma das linguagens a ser trabalhada. Esse é mais um campo de atuação que a escola tem para trabalhar conteúdos relacionados aos Direitos Humanos, considerando que a música além de motivar os(as) jovens, no Brasil tem um acervo muito rico de gêneros e conteúdos que devem ser trabalhados no currículo.

Outro componente curricular importante diz respeito ao trato das questões étnico-raciais. O Brasil viveu por muitos anos uma realidade na qual as relações étnico-raciais, a cultura e história afro-brasileiras se constituíam numa discussão exclusivamente de negros(as), e toda vez que alguma questão social nesse viés era colocada em debate, as críticas comumente respondiam que os(as) negros(as) traziam essas questões, que o preconceito estaria nas suas próprias cabeças. Quando na verdade, as discussões sobre a cultura afro-brasileira e relações étnico-raciais é muito importante para toda a sociedade, porque faz parte da história e do cotidiano de todos(as) os(as) brasileiros(as), crianças, jovens e adultos(as).

O engajamento nessas discussões caminha para mudanças na sociedade, que cada vez mais, seja reconhecida a sociedade brasileira multiétnica e grandemente imersa em contribuições trazidas pela população africana e pela história afro-brasileira. Infelizmente as escolas ainda tratam com pouca frequência essas questões e nem sempre possibilitam que os(as) estudantes vivenciem um ambiente que promova o entendimento da diversidade.

A escola de modo geral silencia sobre as questoes etnicas, como indica a literatura especializada, fato esse que contribui para a marginalização de toda uma população pela cor da pele e descendência afro-brasileira. Embora, nem sempre de forma explícita, a escola reproduz preconceitos e práticas racistas, que se caracterizam, principalmente, pelo silenciamento no trato dessas questões, tendo como suporte o livro didático (OLIVEIRA, 2005).

Nesse sentido, Chaui (1992) aponta que:

> Numa sociedade que exclui, oprime, oculta conflitos e as diferenças sob a ideologia da igualdade, ainda que seja um fato biológico, ainda que todos sejamos memoriosos e memorialistas, a memória é um valor, um direito a conquistar. (p. 40)

E no aspecto das relações étnico-raciais, da cultura e história afro-brasileiras essa luta pelo direito a memória impulsionou o fim do silenciamento no trato das questões étnico-culturais na educação. Esse direito foi sendo conquistado e reconhecido pelo Estado na forma de lei quando da promulgação da Lei n. 10.639, em de 2003, que incluiu na Lei de Diretrizes e Bases da Educação Nacional (BRASIL, MEC, LDB — Lei n. 9.394 de 1996) a obrigatoriedade do ensino da temática "História e Cultura Afro-Brasileira" e africanas nas escolas públicas e privadas do ensino fundamental e médio.

O Parecer do Conselho Nacional da Educação (CNE/CP) n. 03/2004 que aprovou as Diretrizes Curriculares Nacionais para Educação das Relações Étnico-Raciais e para o Ensino de História e Cultura Afro-Brasileiras e Africanas; e a Resolução CNE/CP n. 01/2004, que detalha os direitos e as obrigações dos entes federados ante a implementação da lei compõem um conjunto de dispositivos legais considerados como indutores de uma política educacional voltada para a afirmação da diversidade cultural e da concretização de uma educação das relações étnico-raciais nas escolas, desencadeada a partir dos anos 2000.

Além disso, em 2008, foi proclamada a Lei n. 11.645 que alterou a LDB e a Lei n. 10.639, incluindo a obrigatoriedade do estudo de História e Cultura Indígena. Posteriormente, o Conselho Nacional de Educação (CNE) institui por meio do Parecer n. 3, de 2004, as Diretrizes Curriculares Nacionais para a Educação das Relações Étnico-Raciais e para o Ensino de História e Cultura Afro-Brasileira e Africana.

É nesse mesmo contexto que foi aprovado, em 2009, o Plano Nacional das Diretrizes Curriculares Nacionais para a Educação das Relações Étnico-Raciais e para o Ensino de História e Cultura Afro-Brasileira e Africana (BRASIL, 2009).

Iniciativas desse teor constituem-se ferramentas valiosas na formação do(a) cidadão(ã), instrumentalizando as pessoas para combater o racismo e as discriminações que atingem particularmente os(as) afro-brasileiros(as). A elaboração do currículo deve considerar o acesso aos bens culturais, sociais, para que essas pessoas tenham uma visão mais ampla de mundo, reconhecendo e valorizando a história, cultura e identidade afrodescendente, possibilitando auxiliá-las na luta pela quebra da hegemonia dominante.

No entanto, para que a educação escolar possa atingir seus objetivos mais amplos, há necessidade de um fazer pedagógico que favoreça o desenvolvimento de um pensar crítico e reflexivo no(a) estudante e, consequentemente, o(a) habilite para compreender a realidade social que o(a) cerca com o propósito de transformá-la.

Nessa direção, compete à instituição escolar, por meio de seus(suas) profissionais, promover o estabelecimento de vínculos entre a realidade que o(a) estudante traz de sua vivência extraescolar para o espaço da escola, bem como propiciar a construção de um diálogo entre os anseios da família e da comunidade com relação à formação dos(as) estudantes e as propostas institucionais.

Assim sendo, é nesse sentido que buscamos discutir que papel cumpre o conceito de cidadania nos anos finais do Ensino Fundamental. **O que a Escola ensina aos(as) estudantes nos anos finais do Ensino Fundamental? O que é, afinal, formar para a cidadania? Qual o papel da Educação em Direitos Humanos neste processo?** Essas são questões sobre as quais tentaremos nos debruçar adiante.

É consenso no meio educacional que os(as) estudantes aprendam a ler, escrever e calcular. É evidente que essas são aprendizagens básicas e necessárias, pois permitem aos sujeitos o ingresso no mundo letrado e compartilharem de conhecimentos cujo domínio é um dos símbolos de inclusão social.

Porém, é preciso, ressaltar que algumas práticas baseadas nessas concepções de tempo e de aprendizagem que povoam intensamente as escolas não conseguem vislumbrar no conceito de cidadania horizontes que apontem para a possibilidade de construção de uma sociedade mais justa e democrática. Isso porque em seu cerne se encontra uma concepção de sujeito não como produto da história, mas como seu ponto inicial, como indivíduo natural, anterior à sociedade.

Observando o que é oferecido nas escolas como conhecimentos históricos para os Anos Finais do Ensino Fundamental, evidencia-se como prática recorrente o desenrolar de datas comemorativas.

A prática pedagógica assume uma perspectiva que se resume em festejar datas num desfile linear, anacrônico e sem significados, ao lembrar fatos do passado de forma descontextualizada e sob um único viés, decorrente da atuação épica de personagens, reverenciados como "heróis", e que figuram como seres sobrenaturais. É a escola contribuindo para canonizar uma verdade, naturalizar uma narrativa, onde não cabe a multiplicidade e nem tampouco a vida das pessoas que a estudam.

Também é comum nas escolas uma abordagem que, ao destacar representantes de governos ou das elites como os responsáveis pelos acontecimentos passados, referenda a Europa como centro irradiador da história e da civilização, o homem/branco/adulto/cristão como representante de uma "normalidade" que passa a constituir a referência para todas as ações e relações, individuais e coletivas.

Sob esse prisma, a educação está destinada ao preparo do(a) jovem que não contribui para uma cidadania democrática, enquanto capacidade crítica do contexto histórico. Ora, sem uma familiarização com o mundo, não se aprende a apreciá-lo, e sem o apreço não há interesse em conservá-lo ou de responsabilizar-se pelo seu destino ou de deixar nele uma contribuição singular por meio da ação política.

Na esteira do pensamento critico de Marx e Gramsci (COUTINHO, 2000), essa prática pedagógica não consegue vislumbrar no conceito de cidadania a importância da história e o protagonismo dos sujeitos sociais no processo de transformação da realidade, aprofundando a relação entre objetividade e subjetividade.

A prática pedagógica nos anos finais do Ensino Fundamental deve considerar a educação para a cidadania, não propriamente como uma iniciação de jovens, mas como um processo de aprendizado do povo. Esse enfoque valoriza a participação efetiva daqueles que já são cidadãos(ãs), de forma que a educação, nesse caso, está voltada para o exercício reiterado e responsável da cidadania.

Com base no exposto, quando afirmamos que tomamos por embasamento teórico-metodológico a perspectiva histórico-dialética, pensamos o conceito de cidadania em sua totalidade. Pensá-lo em sua totalidade, de forma orgânica, significa partir do entendimento de que esse conceito foi construído historicamente — sendo, portanto, necessário recuperar essa trajetória — assim como foi relacionado a outros conceitos, especificamente ao de educação para que viesse a atender aos interesses de uma classe social — no caso a burguesia, ao longo do processo de construção de sua hegemonia, que se tornou classe dominante (na estera econômica) e dirigente (no campo ético-político).

Nesses termos, a prática pedagógica nos anos finais do Ensino Fundamental mais do que o mero exercício de direitos políticos descolados de uma preocupação para com a sociedade de uma maneira mais ampla, deve tornar possível que cada *cidadão* — ou indivíduo burguês — se torne *governante, dirigente*. Ao considerar o homem como um devir histórico, como um constante processo de vir-a-ser, de formação e reconstrução, afirma que a realidade somente pode ser conhecida por meio da intervenção desse sujeito.

Partimos da premissa de que não é possível pensar em formação para a cidadania se não nos percebemos como seres históricos, determinantes e determinados pelas condições políticas, sociais e econômicas da realidade em que vivemos.

Isso quer dizer que defendemos a tese de que nenhuma proposta educacional que objetive tal formação será levada a termo se não elaborar suas práticas por meio do desvelamento desta realidade, entendendo que relações entre saber e poder foram sendo estabelecidas ao longo da constituição do Estado brasileiro.

Reafirmamos, para finalizar que, em um mundo que alardeia o "individualismo possessivo" como critério de racionalidade, na forma de curvamento religioso ao mercado, faz sentido pensar as políticas educacionais à luz dos Direitos Humanos, tanto pelo papel socializador da escola, quanto por seu papel de socialização de conhecimentos científicos, verazes e significativos.

Assim sendo, em um momento privilegiado em que a igualdade cruza com a equidade, no qual se propõe englobar o conjunto de dimensões ligadas à diversidade brasileira, pode-se concluir que as Diretrizes Curriculares para o Ensino Fundamental de Nove Anos a as Diretrizes Nacionais para a EDH asseguram o desenvolvimento de temas político-sociais, dando abertura às escolas para trabalharem esses conteúdos de acordo com suas propostas pedagógicas e sua realidade.

3ª PARTE

Discutindo e trabalhando os
DIREITOS HUMANOS
no Ensino Fundamental —
anos finais

DISCUTINDO E TRABALHANDO OS DIREITOS HUMANOS NO ENSINO FUNDAMENTAL — ANOS FINAIS

1. INTERDISCIPLINARIDADE, TRANSVERSALIDADE NA PRÁTICA PEDAGÓGICA DA EDUCAÇÃO EM DIREITOS HUMANOS

O tema é instigante por diversas razões, mas fundamentalmente porque nos faz pensar na construção de propostas pedagógicas capazes de garantir o princípio que funda e justifica a educação escolar: o desenvolvimento pleno do(a) estudante nas suas múltiplas dimensões: cognitivas, sociais, políticas, afetivas, éticas e estéticas.

Atualmente, em todas as áreas do conhecimento, a quantidade de informações tem ampliado mais e mais a cada dia. Por isso, vem aumentando também a quantidade de conceitos e informações que precisam ser apreendidos pelos(as) estudantes. Desse modo, a seleção do conteúdo e, em especial, da metodologia de ensino tornam-se ponto central na construção de uma prática pedagógica promotora da cidadania ativa.

Nesse quadro geral de transformações, novos problemas desafiam o processo educacional, exigindo esforços de revisão dos pressupostos teórico-metodológicos que nortearam as práticas da escola básica. Sobretudo, exige um trabalho paciente de compreensão e construção de novos referenciais para que a escola seja, de fato, um espaço de inclusão e não de exclusão social e cultural.

A escola básica brasileira, durante muito tempo, foi concebida como aparelho do Estado, ideia inspirada em Althusser (SAVIANI, 1997), mero reflexo do funcionamento da economia e da política. O papel da escola consistia reproduzir conhecimentos e valores morais e cívicos às novas gerações, acordo com os interesses e a ideologia das classes dominantes.

As mudanças sociais, políticas e econômicas no início do Século XXI e as pesquisas acadêmicas redimensionaram as leituras e as concepções sobre o papel da instituição escolar. Como lugar social — como parte da sociedade —, ela passa a ser analisada de várias formas.

Mas o que significa isto tudo, em termos práticos?

Que a escola, no Ensino Fundamental, além de veicular os conhecimentos das áreas convencionais (Língua Portuguesa, Matemática, História, Geografia, Ciências Naturais, Educação Física, Ensino Religioso, Arte e Língua Estrangeira), deverá estar atenta às questões chamadas urgentes, uma vez que interrogam sobre a vida e a realidade, podendo inaugurar uma possibilidade de inserção nos assuntos relativos ao meio social, mediante perspectivas necessárias a serem inseridas no convívio escolar.

A construção de novas propostas pedagógicas para o ensino nos Anos Finais do Ensino Fundamental deve a nosso ver, fundamentar-se nessa concepção de escola como instituição social, um lugar plural, onde se estabelecem relações sociais e políticas, espaço social de socialização e produção de saberes e valores culturais. É o lugar onde se educa para o processo de humanização, onde se formam as novas gerações para o exercício pleno da cidadania ativa. Por isso, fundamentalmente, é um lugar de produção e socialização.

Nessa perspectiva, buscando auxiliar os(as) professores(as) a superar algumas das dificuldades existentes na atividade docente, e apontar alguns parâmetros para a elaboração do currículo, foram escritas diversas propostas nos últimas décadas, tanto para a Educação em Direitos Humanos, como para as demais disciplinas por meio das Diretrizes Nacionais para Ensino Fundamental de Nove Anos.

Tais documentos consideram de fundamental importância a atuação do(a) próprio(a) estudante na tarefa de construir significados sobre os conteúdos de aprendizagem, e apontam algumas referências que podem ser utilizadas pelos(as) professores(as) nesse processo. Em especial, na proposta das Diretrizes Nacionais para a Educação em Direitos Humanos (BRASIL, MEC/CNE, 2012), na qual uma das ideias apresentadas está em utilizar os saberes gerados pelo indivíduo dentro do seu grupo cultural, que podem ser tomados como um possível ponto de partida para gerar novos conhecimentos, compartilhando a responsabilidade sobre a aprendizagem com os(as) estudantes.

> Sob a perspectiva da EDH as metodologias de ensino na educação básica devem privilegiar a participação ativa dos estudantes como construtores dos seus conhecimentos, de forma problematizadora, interativa, participativa e dialógica. (BRASIL, MEC/CNE, 2012, p. 14)

Nessa perspectiva, é preciso elaborar propostas com qualidade social que atendam a esses(as) estudantes, segundo suas necessidades de aprendizagem, interesses e para que possam inserir-se em melhores condições na sociedade.

Tais propostas devem colocar a educação escolar a favor dos sujeitos para os quais ela se dirige, vinculando iniciativas educativas formais às não formais (ocorridas em outros âmbitos ou setores não institucionalizados), por meio do reconhecimento de saberes, interesses e singularidades desses(as) estudantes. O objetivo é enfrentar determinadas problemáticas e favorecer a continuidade de estudos em outros níveis de ensino e ao longo da vida.

Para Candau (2008), os principais desafios da EDH estão relacionados à desconstrução de paradigmas que parecem naturais, mas que são articulados em prol de determinados grupos com a finalidade de subjugar outros; a articulação com o intuito de garantir que a igualdade se explicite nas diferenças, objetivando romper com o caráter monocultural da cultura escolar; o resgate dos processos de construção das identidades culturais, no nível pessoal e coletivo, para evidenciar que as culturas estão em contínuo movimento e em diálogo com outras; e a promoção da interação com os *"outros"*, para que as pessoas possam ser capazes de relativizar suas próprias maneiras de se situarem diante do mundo e atribuir-lhe sentido.

Sendo assim, é importante ressaltar que o ambiente educacional diz respeito não apenas ao meio físico, envolvendo também as diferentes interações que se realizam no interior e exterior de uma instituição escolar ou de educação. Ao tratar dessa questão nos princípios, o documento das Diretrizes Nacionais para a Educação em Direitos Humanos compreende, então: "a) ações, experiências, vivências de cada um dos participantes; b) múltiplas relações com o entorno; c) condições socioafetivas; d) condições materiais; e) infraestrutura para a realização de propostas culturais educativas" (BRASIL, MEC/CNE, 2012, p. 11).

Tendo esses aspectos em mente, a ideia de um ambiente educacional promotor dos Direitos Humanos liga-se ao reconhecimento da necessidade de respeito às diversidades, garantindo a realização de práticas democráticas e inclusivas, livres de preconceitos, discriminações, violências, assédios e abusos sexuais, punições, dentre outras formas de desrespeito humano.

Corroborando com esse momento estimulador, o documento das Diretrizes Nacionais para a Educação em Direitos Humanos quando trata seus princípios, confere que os conteúdos "dos Direitos Humanos devem ser compreendidos mediante a integração de diferentes disciplinas, perpassando diferentes áreas de conhecimento, caracterizando-os como interdisciplinares e transversais" (BRASIL, MEC/CNE, 2011, p. 11).

Esse paradigma promove um terreno fértil para "novas" práticas pedagógicas nos anos finais do Ensino Fundamental, possibilitando a ruptura com a lógica fragmentária, a qual ocorre de modo que cada vez mais se especifica nos campos de conhecimento, decorrendo um grande número de especializações, as quais se fazem presentes na atualidade.

2. A CIDADANIA AMBIENTAL NA PRÁTICA DA EDUCAÇÃO EM DIREITOS HUMANOS

Frente aos graves problemas ambientais que nos atingem em vários níveis, a Educação Ambiental se torna cada vez mais uma prática pedagógica necessária no campo educacional. Entretanto isso não quer dizer que tais problemas se resolveriam exclusivamente pela ação desta Educação. E não somente por meio dos conhecimentos sobre a temática ambiental e o que ela poderia proporcionar, ou até mesmo das mudanças comportamentais que, por vezes, poderiam ser obtidas através dela.

Nesse sentido, o processo de construção do conhecimento, além da dimensão pessoal, há também uma dimensão social e cultural. O conhecimento é uma produção sóciocultural. E em decorrência dessa produção existe uma relação interativa entre concepções e práticas.

Na educação ambiental, assim como em qualquer outra área do conhecimento, existem múltiplas e diferentes ideias, correntes e manifestações. Algumas se complementam, outras se contrapõem.

Na relação dialética entre concepções e práticas, as concepções de Educação Ambiental influenciam as práticas, no sentido de que apontam caminhos, fundamentam decisões, orientam ações.

Expor acerca da epistemologia da Educação Ambiental é explicitarmos a sua não neutralidade e as suas controvérsias, portanto, é não entendê-la como consensual. É entendê-la como social e culturalmente mediada e mediadora. Sobretudo, ao entendermos suas controvérsias, faz-se necessário acrescentar outra terminologia: crítica.

Fundamentalmente é entender que essa trata de percepção da relação sociedade e educação, portanto, uma análise com maior amplitude. Em torno da Educação Ambiental aglutinam-se múltiplas práticas, correntes de pensamento, pesquisas e atores sociais.

Sorrentino (1994) propõe quatro correntes como forma de agrupar as diversas concepções de Educação Ambiental. A corrente "Conservacionista", vinculada à Biologia, relacionada aos países desenvolvidos e às causas e consequências da degradação ambiental. Uma segunda corrente é a da "Educação ao Ar Livre", relacionada a aspectos culturais e com vínculos com naturalismo, escotismo, montanhismo e outras modalidades de lazer e ecoturismo. A terceira corrente é a da "Gestão Ambiental", ligada à política, aos movimentos sociais e à participação popular.

Por fim, a quarta corrente, denominada "Economia Ecológica", está relacionada ao ecodesenvolvimento e desdobra-se em documentos internacionais como os elaborados pela ONU (PNUMA e UNESCO) por exemplo. Essa última corrente é desdobrada pelo autor em duas vertentes: o "Desenvolvimento Sustentável", envolvendo empresários e ONGs e, outra vertente, as "Sociedades Sustentáveis" que se opõe ao desenvolvimento sustentável.

Nessa multiplicidade de tendências existem importantes consensos e controvérsias. Os desdobramentos dos postulados críticos na relação educação e ambiente dialogam com processos macrossociais. Superam, assim, o entendimento de que essa deva se alicerçar em atividades pontuais.

Essas são dimensões mais amplas, que permitem tentativas de contextualizar o processo educativo. Analisar historicamente o processo educativo em seu contexto sociopolítico-econômico é fundamental quando se pretende considerar as possibilidades e os limites de propostas educativas que buscam incorporar a temática ambiental. Assumimos então que a educação ambiental inclui conhecimentos, valores e atitudes que podem ser contextualizados conforme as condições, as concepções e as práticas de cada momento histórico.

A partir dessas abordagens, também acreditamos chegar a um entendimento mais amplo da questão ambiental, vista pelo modelo de desenvolvimento de uma sociedade capitalista, extremamente predatória e dilapidadora dos recursos naturais.

Assim, essa apresentação se faz necessária para se entender as imbricações existentes entre a sociedade e o meio ambiente, o que nos permite compreender o atual estado de degradação da natureza como contingência de uma sociedade orientada para a geração de lucros, a partir de uma racionalidade instrumental potencializada para o aumento da produtividade que exerce, consequentemente, uma pressão cada vez maior sobre os recursos naturais.

Nos últimos séculos um modelo de civilização se impôs, caracterizando-se pela industrialização, mecanização da agricultura, que inclui o uso indiscriminado de agrotóxicos, e a urbanização, com um processo de concentração populacional nas cidades.

Esse modelo de desenvolvimento econômico e social gerou uma crise ambiental que hoje aparece como um dos assuntos mais importantes deste início de milênio, estando incorporada às preocupações gerais da opinião pública, na exata medida em que se torna mais evidente que o crescimento econômico. E até a simples sobrevivência da espécie humana não pode ser pensada sem o saneamento do planeta e a administração inteligente dos recursos naturais.

A partir da década de 60 do século passado, intensificou-se a percepção de que a humanidade caminha aceleradamente para o esgotamento ou a inviabilização de recursos indispensáveis à sua própria sobrevivência. Assim sendo, algo deveria ser feito para alterar as formas de ocupação do planeta estabelecidas pela cultura dominante. É nesse contexto que se iniciam as grandes reuniões mundiais sobre o tema.

Ao lado da chamada "globalização econômica", assiste-se à globalização dos problemas ambientais. Institui-se, assim, um fórum internacional em que os países, apesar de suas imensas divergências, se veem politicamente obrigados a se posicionar quanto a decisões ambientais de alcance mundial, a negociar e a legislar, de forma que os direitos e os interesses de cada nação possam ser minimamente equacionados em função do interesse maior da humanidade e do planeta.

Num primeiro momento, no Brasil, até os anos 60, praticamente inexistiram leis que visassem à proteção ambiental. O direito ambiental, assim como os demais direitos, foi se constituindo gradualmente, em diferentes épocas e contextos, estabelecendo um conjunto de normas jurídicas.

É interessante ressaltar que as primeiras discussões sobre o surgimento e a importância desse novo ramo do direito ocorreram num momento histórico de protestos e reivindicações sociais quanto às questões ambientais, início da década de 70, havendo um entrelaçamento entre esses movimentos da sociedade civil.

Em 1988, a Constituição Federal, no seu artigo 225, atribuiu a todos(as) os(as) brasileiros(as) o direito a um ambiente ecologicamente equilibrado, considerando-o um bem de uso comum e essencial à qualidade de vida; prescrevendo à coletividade e ao Poder Público o dever de defendê-lo e conservá-lo. Além disso, o usufruto deste ambiente é considerado, constitucionalmente, como um direito fundamental do cidadão(ã).

Dessa maneira, os eventos mundiais que influenciaram o movimento ambientalista também repercutiram nas discussões sobre o direito ambiental, como por exemplo, a Conferência de Estocolmo, o Relatório Brundtland, ECO-92 e a RIO +20.

Cabe destacar que a inclusão da questão ambiental na Constituição Federal de 1988 é uma conquista social, resultado de organizações, manifestações e reivindicações da sociedade civil.

Nesse sentido, o direito ambiental não se restringe a um conjunto de leis que devem ser respeitadas, sua amplitude transpõe essa visão reducionista, abrangendo elementos que envolvem prevenção, informação e participação efetiva, constituindo-se uma prática social e política que se fortifica na experiência cotidiana, resultando num exercício de cidadania.

É inegável que questões relacionadas à participação e à cidadania encontram-se no cerne da questão ambiental, evidenciando que a natureza tornou-se, agora, antes de tudo, um tema visceralmente e necessariamente político.

Pode-se afirmar que a relação é centrada em dois aspectos: em um primeiro momento, a proteção do meio ambiente como forma de se conseguir o cumprimento dos direitos humanos, vez que o entorno ambiental, se lesado, contribui diretamente para a infração de direitos reconhecidos internacionalmente, como o direito à vida, à saúde, ao bem-estar, ao desenvolvimento sustentado.

E, em um segundo momento, os direitos ambientais dependem do exercício dos direitos humanos para se efetivarem. Através do direito à informação, à liberdade de expressão, à tutela judicial, à participação política no Estado em que vive, enfim, no exercício da cidadania, poder-se-á reivindicar direitos relativos ao meio ambiente.

Portanto, a dimensão política constitui-se o alicerce dessa problemática que nos envolve, exigindo-nos atitudes ativas frente a um cenário de disputas e conflitos socioambientais. A efetivação dos direitos humanos, do direito à vida em ambiente ecologicamente equilibrado e do direito ao desenvolvimento representa, hodiernamente, a maior busca da humanidade.

A interligação existente entre esses direitos, formando o que se pode chamar de direitos humanos ambientais, é evidente e já foi declarada em normas positivadas de muitos países, ratificando ser direito da pessoa humana e das coletividades o de viver em ambiente sadio e equilibrado.

As atuais possibilidades de fortalecimento da autonomia das comunidades tradicionais, populações e povos de nosso planeta em relação ao sistema capitalista retomam imediatamente a luta pelos direitos humanos como questão imprescindível para suas formas de autorreprodução social. Isso porque a amplitude e a variedade de tais formas de autorreprodução social, invocando a diversidade infinita de criações históricas nas aventuras e desventuras da existência humana coletiva, encontram-se em processo de extinção.

Tendo em vista tais considerações, a Educação Ambiental pautada no exercício da cidadania, busca o fortalecimento do agir coletivo para o enfrentamento dos conflitos socioambientais. Para tanto, essa prática político-pedagógica deve envolver aspectos sociais, econômicos, políticos e culturais, incorporando a participação social nos processos decisórios como um valor fundamental e relevante na defesa ambiental.

Educar para a cidadania é conquistar e fortalecer a ação política, contribuindo para formar sujeitos responsáveis pelo mundo que habitam. Ser um sujeito ecológico é exercer essa responsabilidade integralmente, sendo cidadão(ã). A educação só terá um papel de destaque na construção dessas práticas sociais cidadãs se incorporar sua intransferível dimensão política. Educar é um ato político e todo(a) professor(a) está relacionado à esfera pública.

Verifica-se, hoje, que outras estratégias educacionais são necessárias para a formação de cidadãos(ãs) ativos(as), nas quais o educador ambiental se direciona para a delimitação das relações sociais, identificação dos conflitos gerados pelo uso dos recursos naturais, construção coletiva e implementação de políticas públicas, no sentido contrário de práticas descontextualizadas, ingênuas e simplistas que permanecem restritas às perspectivas biológicas e comportamentais da questão ambiental.

Muitos avanços são registrados no sentido da implementação da Educação Ambiental, visando fortalecer e proteger os direitos e responsabilidades ambientais.

Embora os primeiros registros da utilização do termo "Educação Ambiental" datem de 1948, num encontro da União Internacional para a Conservação da Natureza (UICN). O termo educação ambiental se tornou internacionalmente conhecido em 1977, na Conferência Intergovernamental de Tbilisi, quando teve suas diretrizes definidas.

No Brasil, a Educação ambiental só passa a ser tratada diretamente, como política pública, em 1988 com o advento da Constituição da República Federativa do Brasil que, em seu artigo 225, parágrafo 1°, inciso VI, estabelece a competência do poder público em "promover a educação ambiental em todos os níveis de ensino e a conscientização pública para a preservação do meio ambiente".

Paralelamente a Eco-92, ocorreu a "Jornada Internacional de Educação Ambiental", formada pelo Fórum das Organizações Não Governamentais (ONGs) que elaborou o "Tratado de Educação Ambiental para Sociedades Sustentáveis e Responsabilidade Global". Foi corroborado, posteriormente com a publicação de Lei Federal n. 9.795/99 que instituiu a Política Nacional de Educação Ambiental.

Na década de 1990 o MEC ao elaborar os "Parâmetros Curriculares Nacionais" (PCN), com base na LDB, instituiu a temática ambiental como área transversal na estrutura curricular da escola formal. Os PCN (BRASIL, MEC, 1998) propõem seis temas (Saúde, trabalho, pluralidade cultural, ética e meio ambiente) que devem permear as áreas do currículo escolar, sendo que a seleção deles foi feita levando em conta os seguintes critérios: urgência social, abrangência nacional, possibilidade de ensino no nível fundamental e favorecer a compreensão da realidade e a participação social.

As Diretrizes Nacionais para a Educação em Direitos Humanos inclui os direitos ambientais no conjunto dos internacionalmente reconhecidos, e define que a educação para a cidadania compreende a dimensão política do cuidado com o meio ambiente local, regional e global (BRASIL, MEC/CNE, 2012).

Entre os objetivos da educação ambiental, de acordo com as novas Diretrizes, estão: desenvolver a compreensão integrada do meio ambiente para fomentar novas práticas sociais e de produção e consumo; garantir a democratização e acesso às informações referentes à área socioambiental; estimular a mobilização social e política e o fortalecimento da consciência crítica; incentivar a participação individual e coletiva na preservação do equilíbrio do meio ambiente; estimular a cooperação entre as diversas regiões do País, em diferentes formas de arranjos territoriais, visando à construção de uma sociedade ambientalmente justa e sustentável, e também fortalecer a cidadania, a autodeterminação dos povos e a solidariedade, a igualdade e o respeito aos direitos humanos.

De acordo com o texto, a abordagem curricular do tema deve ser integrada e transversal, além de inter, multi e transdisciplinar. Isso significa que a Educação ambiental deve ser contínua e permanente em todas as áreas de conhecimento dos componentes curriculares e atividades escolares e acadêmicas. Ou seja, não deve ser criada uma disciplina própria, mas sim tratar o tema de uma forma com que ele permeie diversos conteúdos da escola.

Nessa direção, a Educação Ambiental entre seus princípios destaca a "articulação na abordagem de uma perspectiva crítica e transformadora dos desafios ambientais a serem enfrentados pelas atuais e futuras gerações, nas dimensões locais, regionais, nacionais e globais" (BRASIL, MEC/CNE, 2012, p. 6).

Dessa maneira, a inclusão de princípios de Educação Ambiental nos currículos do Ensino Fundamental e Médio é exigência da Lei de Diretrizes e Bases da Educação Nacional (LDB). Segundo o texto, os currículos do Ensino Fundamental e Médio devem incluir os princípios da proteção e defesa civil e a educação ambiental de forma integrada aos conteúdos curriculares obrigatórios.

O Parecer do CNE (MEC/CNE/CP n. 2/2012) também ressalta o dever das Diretrizes de contribuir para a Política Nacional do Meio Ambiente e para a implementação da Política Nacional de Educação Ambiental. Além disso, afirma que o assunto deve constar nos currículos de formação inicial e continuada de todos(as) os(as) profissionais da Educação e que os(as) professores(as), em atividade, devem receber formação complementar compatível com o tema.

Dessa forma, a Educação Ambiental, segundo o documento, deve promover uma formação ética, crítica e política, além de visar o respeito mútuo, pelo outro e pelas diferentes culturas e tradições. Também deve ser fundamentada em dignidade humana; igualdade de direitos; reconhecimento e valorização das diferenças e das diversidades; laicidade do Estado; democracia na Educação; transversalidade, vivência e globalidade e sustentabilidade socioambiental. Ou seja: uma Educação que esteja comprometida com a superação do racismo, sexismo, homofobia e outras formas de discriminação.

Frente a esse cenário com referências históricas, ações e políticas, que visam o fortalecimento da educação ambiental no Brasil, considera-se, também, o fazer pedagógico dos(as) professores(as), que às vezes não vão ao encontro de tais propostas.

Nesse sentido, isso também significaria abrir um campo de diálogo a respeito dos direitos humanos, podendo, assim, contribuir na busca de um melhor entendimento da natureza e da problemática ambiental.

A Educação Ambiental tem o importante papel de fomentar a percepção da necessária integração do ser humano com o meio ambiente, através de uma relação harmoniosa, consciente do equilíbrio dinâmico na natureza, que possibilite, por meio de novos conhecimentos, valores e atitudes, a inserção do(a) estudante e do(a) professor(a) como cidadãos(ãs) no processo de transformação do atual quadro ambiental do nosso planeta.

Ao debruçarmos sobre o documento das Diretrizes Curriculares Nacionais para a Educação Ambiental, deparamo-nos com instrumentos que apontam para a inter-relação entre os direitos humanos e o meio ambiente, a fim de que se estabeleçam vínculos entre o direito à vida e à saúde; o crescimento sustentável e a melhoria da qualidade de vida.

Dentro desse contexto, consideramos que tanto a educação ambiental quanto os direitos humanos são elementos fundamentais para o enfrentamento da problemática ambiental. Não estamos aqui afirmando que eles sozinhos deem conta da complexidade que envolve a realidade, mas que têm muito a contribuir em torno das questões ambientais.

O nosso esforço não foi de identificar concepções de educação ambiental, mas também o de procurar compreender possíveis interações ou processos dinâmicos que se estabelecem entre os Direitos Humanos e a construção histórica da Educação Ambiental. Há um entrelaçamento constante entre esses dois campos.

É possível estabelecer, ainda, um paralelo entre a evolução da proteção dos direitos humanos e a proteção do meio ambiente, tendo ambos passados por um processo de internacionalização e de globalização.

Pode-se afirmar que a relação é centrada em dois aspectos: em um primeiro momento, a proteção do meio ambiente como forma de se conseguir o cumprimento dos direitos humanos, uma vez que o entorno ambiental, se lesado, contribui diretamente para a infração de direitos reconhecidos internacionalmente, como o direito à vida, à saúde, ao bem-estar, ao desenvolvimento sustentado. E, em um segundo momento, os direitos ambientais dependem do exercício dos direitos humanos para se

Educar em Direitos Humanos e Formar para Cidadania...

efetivarem. Através do direito à informação, à liberdade de expressão, à tutela judicial, à participação política no Estado em que vive, enfim, no exercício da cidadania, poder-se-á reivindicar direitos relativos ao meio ambiente.

Em suma, a grande contribuição da educação ambiental é fazer-nos tomar consciência dos perigos que ameaçam o planeta em consequência do atual modo de produção e consumo. A educação ambiental e direitos humanos são termos indissociáveis e, como tal, devem ser incorporados à dimensão da prática pedagógica e do projeto político pedagógico da escola.

3. O ESTUDO DO LOCAL E MEIO AMBIENTE NA CONSTRUÇÃO DA EDUCAÇÃO EM DIREITOS HUMANOS

Iniciamos essa parte refletindo sobre a afirmação da citação referente ao documento do Ensino Fundamental de Nove Anos, que, ao definir as orientações, estabelece as bases de uma proposta inovadora, incorporando elementos importantes na construção de uma escola renovada e democrática.

Com base nessas novas perspectivas, para garantir uma nomenclatura comum às múltiplas possibilidades de organização desse nível de ensino (séries, ciclos, outros — conforme art. 23 da LDB nº 9.394/96), sugere-se que o Ensino Fundamental seja necessariamente repensado no seu conjunto.

Da mesma maneira, o documento destaca a importância da construção de uma educação que promova o pleno desenvolvimento dos(as) estudantes e aponte para uma postura cidadã, requisitando do(a) professor(a) um maior número de estratégias que contemplem uma série de propostas que contribuam para o desenvolvimento intelectual dos(as) estudantes. Além disso, devem despertar o espírito investigativo e a capacidade de ouvir, colocar-se, cooperar, analisar criticamente, incorporando diferentes concepções em sua análise da realidade para posterior produção de seu próprio entendimento sobre ela.

Nessa concepção, a aprendizagem se realiza quando se é capaz de elaborar uma representação pessoal sobre um objeto da realidade ou um conteúdo que se pretende aprender. Nesse processo, não só modificamos o que já possuíamos, mas também interpretamos "o novo" de forma peculiar, para poder integrá-lo e torná-lo nosso.

Dessa forma, uma prática consolidada nos Anos Finais do Ensino Fundamental, adotada nas aulas de estudos sociais, mas desenvolvida não apenas sob sua égide, é o estudo do local considerando que se deve partir do próprio sujeito, estudando a criança/adolescente, a sua vida, a sua família, a escola, a rua, o bairro, a cidade, e, assim, ir sucessivamente ampliando, espacialmente, aquilo que é o conteúdo a ser trabalhado.

São os círculos concêntricos, que se sucedem numa sequência linear, do mais simples e próximo ao mais distante. Na realidade, esse procedimento constitui mais um problema do que uma solução, pois o mundo é extremamente complexo e, em sua dinamicidade, não acolhe os sujeitos em círculos que se ampliam sucessivamente do mais próximo para o mais distante.

Em um mundo em que a informação é veloz e atinge a todos(as), em diversos os lugares, no mesmo instante, não se pode fechar as possibilidades em um estudo a partir de círculos hierarquizados. Ainda, com relação à velocidade da informação deve-se considerar que não é à distância o que vai impedir ou retardar o acesso à informação, mas condições econômicas e/ou culturais, inscritas num processo social que exclui algumas (ou muitas) pessoas.

Se os estudos do local, considerados a partir do princípio dos círculos concêntricos, não se mostram apropriados para fazer a leitura do espaço — que deveria conter a possibilidade de perceber o movimento, perceber a cotidianidade da vida dos vários sujeitos e a sua expressão por meio dos grupos de que participam, construindo o seu espaço — quais as alternativas possíveis? Quais os referenciais teóricos que nos permitiriam construir métodos de análise do local capazes de permitir que os(as) estudantes se reconheçam no interior desse espaço? Como olhar o local com os olhos do mundo? Como ver o lugar do(no) mundo? É preciso que haja concepções teórico- metodológicas capazes de permitir o reconhecimento do saber do outro, a capacidade de ler o mundo da vida e reconhecer a sua dinamicidade, superando o que está posto como verdade absoluta.

Nos tempos em que o individualismo enfraquece os elos de solidariedade e comunhão nas relações humanas e imprime uma lógica mercadológica e fragmentada à cultura e à vida social, reconhecemos a importância de dirigir nosso olhar para os recantos do local.

Daí a "força do lugar" (SANTOS, 1996), pois cada lugar tem sua história, seus homens/mulheres e suas capacidades de se organizar e pensar alternativas para si. "Essa é uma realidade tensa, um dinamismo que se está recriando a cada momento, relação permanentemente estável, e onde globalização e localização, globalização e fragmentação são termos de uma dialética que se refaz com frequência" (SANTOS, 1996, p. 252).

Esses constituem espaços de participação e enraizamento que engendram possibilidades de recusa às formas de vida e de convivência praticadas pela economia capitalista globalizada ao estamparem contornos mais humanos e responsáveis, de comprometimento com o outro e com o mundo, revigorando valores humanos como amizade e cidadania.

É nesse sentido que o pressuposto educação-transformação, condição existencial vivida e proposta pela educação ambiental, pode nos ajudar na busca de algumas pistas e perguntas para pensarmos como construir uma prática pedagógica em Direitos Humanos.

Tendo como um dos princípios a sustentabilidade socioambiental com a finalidade de promover a educação para a mudança e a transformação social, a Educação em Direitos Humanos indica vários caminhos possíveis para a mudança da estrutura escolar, quer seja através de uma nova forma de se relacionar com o conhecimento, quer seja na relação da escola com o conjunto de instituições presentes na sociedade.

Partimos aqui do pressuposto de correlacionar à educação em Direitos Humanos no campo da educação ambiental crítica. Ambas possuem enorme potencialidade, como: desenvolver interpretações relevantes para o entendimento dos entraves, desafios e contribuições genuínas que a relação ambiente e educação pode acarretar às práxis pedagógicas críticas. Dessa forma, relaciona-se com ações educativas e sociais que contribuam para a transformação pedagógica e, de certa forma, social.

Essa perspectiva se baseia no desafio de mudar a prática educativa, estimulando mudanças de atitudes, incentivando a pesquisa, a participação, aprofundando conteúdos, maior diálogo com os(as) estudantes e com a comunidade.

Fazem-se necessárias a valorização das trocas de experiências, o levantamento dos contextos regionais, a utilização de ampla gama de recursos pedagógicos (exposições, vídeos, vivências, trabalhos de campo, discussões em grupo, produção de textos, imagens, dramatizações, músicas), o resgate das manifestações e a elaboração de propostas que permitam a integração da escola com a comunidade.

Obviamente os exemplos são rebuscados como a própria realidade. Mas, compreendendo a luta em disputa no campo político ideológico nos movimentos ambientalistas, essas são questões constantes. Por exemplo, numa determinada área que seria de preservação permanente, mas, agora é de ocupação desordenada consolidada, a tendência é que pessoas — quando conseguem se organizar e propor políticas — busquem a melhoria das condições através de padrões tradicionais de urbanização.

Nesse sentido, o coexistir com o que ali existia é algo ausente no imaginário e na própria representação social das pessoas.

O estudo do local pode ser um espaço de vivência que possibilita as pessoas compreenderem que a realidade é uma dimensão complexa, e, que estimula o sentido de pertencimento, a ponto delas agirem para a construção de sociedades mais justas, dentro de uma perspectiva emancipatória.

No entanto, aqui reside um problema que é muito presente no Ensino Fundamental quando se trabalha o estudo do meio, do local ou do bairro. As explicações têm ficado restritas ao lugar em si mesmo. O local não pode ser entendido como uma entidade que se encerra em si. Não é o ponto de partida — o bairro ou o mundo — que é significativo, mas sim o estabelecimento de relações entre esses: inter-relações. O local na atualidade assume uma nova dimensão.

Em outras palavras, é o materialismo histórico e dialético da conjunção de sua condição local com a global que identifica o(a) estudante como ser humano universal. A ética universal não se aparta da causa dos(as) oprimidos(as) e do conceito de classe. Portanto, trata-se de conhecer "tão criticamente quanto possível" a realidade local.

Por exemplo, os conteúdos da Geografia, da História e da Matemática podem se entrecruzarem a partir do eixo Direitos Humanos e Cidadania na análise da merenda escolar, considerando a qualidade nutricional, condições de higiene durante o preparo e consumo dos alimentos, e desperdício da mesma.

Assim sendo, nos conteúdos da matemática os(as) estudantes poderiam resolver problemas utilizando números decimais e frações, contextualizados no ambiente local e envolvendo as quatro operações. Ler e interpretar frações a partir de situações que possibilitem evidenciar a relação parte/todo no que se refere ao meio ambiente, a exemplo de quantidade de água no planeta, quantidade de árvores de uma determinada área *versus* árvores derrubadas. Quantidade de animais num ecossistema *versus* animais em extinção entre outros.

Já na parte das linguagens, os estudantes poderiam descrever e interpretar a realidade, através da produção de pequenos textos, elaborados a partir da análise de tabelas e gráficos contendo dados ambientais, a exemplo de: gráfico de consumo de água e luz da casa ou da escola, desperdício de água, desmatamento, extinção de espécies, doenças relacionadas à falta de saneamento básico e produção de lixo.

Cabe ao(a) professor(a) fazer com que os(as) estudantes percebam a importância dos elementos da natureza no equilíbrio do planeta, levando-os(as) a perceber a necessidade da preservação dos mesmos, para a manutenção da qualidade de vida para todos os seres vivos, no presente e para as futuras gerações.

Outro exemplo nesse sentido é buscar informações a respeito dos bairros e das indústrias instaladas a serviço da cadeia produtiva local. Podemos ter situações nas quais trabalhadores(as) são atraídos(as) pelo processo de desenvolvimento, inclusive de cidades vizinhas e mais tarde, essa indústria resolve mudar sua produção para outro estado, afim de isenções fiscais maiores, provocando um número elevado de desemprego no local. O espaço urbano começa a ser produzido de acordo com os interesses do incipiente mercado.

Dessa maneira, a cidade reflete seus contrastes sociais e de classes. Para que a cidade se realize como lugar de consumo, os agentes produtores da cidade criam estratégias de organização desse ambiente, através da manipulação da informação e da circulação dos(as) homens/mulheres e das ideias. As estratégias de manipulação do ambiente da cidade impõem regras e não permitem a apropriação da cidade de forma justa. O que chamamos de ordem vai permeando as relações humanas em todas as suas esferas. A ordem planejada por um grupo reflete um meio de grandes contrates.

Considerando os diversos aspectos que envolvem o desenvolvimento da aprendizagem em geral e dos conteúdos da Matemática, assim como os das outras áreas, devem ser articulados à realidade prática dos(as) estudantes para que estas(es) possam construir efetivamente o conhecimento mediante a sua utilização.

Essas e outras situações problemas podem ser articuladas com direitos humanos e o meio ambiente, pois aprender uma língua não é apenas aprender as palavras, mas também os seus significados culturais e, com eles, os modos pelos quais as pessoas de determinado meio sociocultural interpretam, representam e interagem no seu ambiente.

Nesse sentido, a escola deve promover tais ações, mediante a realização de práticas pedagógicas integradas, fazendo emergir as questões ambientais nelas presentes, inferir sobre as características dos ambientes (conservado, destruído, poluído, entre outros) descritos nas histórias narradas.

Considerando-se que uma determinada escola desejasse discutir a preservação do espaço escolar, o trabalho pedagógico poderia ser estruturado a partir de um diagnóstico da situação atual, com vistas a caracterizar a realidade escolar e identificar possíveis soluções/estratégias de intervenção com relação aos problemas detectados.

Assim, essa proposta pedagógica tem o papel fundamental de ajudar as(os) estudantes na elaboração e apropriação do conhecimento científico acumulado, colocando-as(os) em contato com os princípios da ciência e suas atividades, com o objetivo de facilitar a interpretação do mundo em que vivem.

No mundo globalizado dominado pelo capital especulativo, a natureza ficou à mercê do bel prazer do ser humano, onde os efeitos de degradação e da exaustão são gritantes.

Nesses termos, centrada no espaço urbano e baseada numa tecnologia altamente consumidora de energia e matérias-primas, essa economia industrial supõe um mercado em permanente expansão, onde produzir cada vez mais passa a ser uma necessidade inerente ao próprio sistema, no sentido de garantir o processo de acumulação de capital, no interior do capitalismo.

Considerando esses aspectos para a Educação em Direitos Humanos, em busca de sua criticidade, problematizar a transformação social é ponderar sobre as formas que a divisão capitalista do trabalho, a fetichização da mercadoria e a produção de mais valia introjetariam questões à construção de ideologia natural e romântica. Afinal, a condição da produção na sociedade hegemônica é a reprodução dos meios determinados de produção dos indivíduos e das relações sociais em que estão inseridos (MARX e ENGELS, 1992).

Apesar dos consensos construídos acerca da importância da problematização e do estudo da história local para a formação de crianças e adolescentes, é possível se deparar, no cotidiano escolar, com uma série de dificuldades para a concretização desses objetivos.

Fundamentalmente a Educação em Direitos Humanos constitui-se como um instrumento de compreensão do mundo e das relações humanas, não se limitando a formar engrenagens e mão de obra para um mercado que se estrutura na exploração.

Se os discursos e documentos de EDH, como os dos princípios norteadores ou diretrizes, apontam para a transformação social, não se pode abolir a discussão de qual(is) forma(s) estão constituídos. Portanto, problematizar o capitalismo é uma necessidade e urgência, afinal trata-se de elemento essencial e hegemônico mundial.

No Brasil, Santos (2001) defende que, em se tratando de territórios, devemos pensá-los como formas, mas que em se tratando especificamente dos temas mundialização ou globalização é necessário aprofundar o processo de conhecimento deste aspecto da realidade total. Para ele, a noção de território implica os objetos e ações e é sinônimo de espaço humano, habitado.

Dessa maneira, a cidade reflete seus contrastes sociais e de classes. Para que a cidade se realize como lugar de consumo, os agentes produtores da cidade criam estratégias de organização desse ambiente através da manipulação da informação e da circulação dos(as) homens/mulheres e das ideias. As estratégias de manipulação do ambiente da cidade impõem regras e não permitem a apropriação da cidade de forma justa. O que chamamos de ordem vai permeando as relações humanas em todas as suas esferas. A ordem planejada por um grupo reflete um meio de grandes contrates.

Na música de Paulinho da Viola retrata muito bem esse espaço de estranhamento do indivíduo:

> Olá! Como vai?
> — Eu vou indo. E você, tudo bem?
> — Tudo bem! Eu vou indo, correndo pegar meu lugar no futuro...
> E você?
> — Tudo bem! Eu vou indo, em busca de um sono tranquilo...
> Quem sabe?
> — Quanto tempo!
> — Pois é, quanto tempo!
> — Me perdoe a pressa — é a alma dos nossos negócios!
> — Qual, não tem de quê! Eu também só ando a cem!

Visto dessa forma, o trabalho é o fator primordial da própria hominização do Homem, do ser social, constituindo-se num ato em que o mesmo provoca uma transformação naquilo em que trabalha sendo também transformado pelo seu próprio trabalho.

Na sociedade capitalista o indivíduo alienado[3] e isolado, que não pode mais falar exemplarmente sobre suas preocupações mais importantes e que não recebe conselhos nem sabe dá-los. Tem necessidade do contato com o sentido da vida por meios

---

3. Conceito de alienação do qual faço uso é o conceito marxista de alienação, no qual o indivíduo não se reconhece naquilo que produz, ou seja, sua participação na cadeia produtiva não lhe permite reconhecer aquilo que produziu, produz apenas o encosto da cadeira, mas não sabe produzir a cadeira totalmente.

artificiais, e parafraseando Adorno (2000), esse indivíduo que pertence a uma sociedade capitalista, atomizado na sociedade de massa, conhece o preço de todas as coisas, mas desconhece seu próprio valor.

Retomando a reflexão anterior, pressuposto educação-transformação (CORTELLA, 1998), uma educação que leva à apropriação da cultura em suas formas mais desenvolvidas é capaz de engendrar consciências críticas, condição necessária — embora não suficiente — para a superação do atual sistema de produção, que produz alienação e miserabilidade em escala crescente.

O currículo integrado em Direitos Humanos e Meio Ambiente é, portanto, uma concepção diferenciada e ao mesmo tempo, como dita, desafiadora.

É nesse cenário que dá ênfase à necessidade de uma participação dialógica e potencializadora de ações críticas e reflexivas, que se pretende incentivar propostas da Educação em Direitos Humanos, pois no cotidiano escolar há oportunidade, num ambiente profícuo, de se fomentar atividades que contribuam para a aprendizagem de crianças, adolescentes e jovens.

Para Kosik (1976) a práxis utilitária cotidiana (alienada) cria o pensamento comum, em que são captados tanto a familiaridade com as coisas e o aspecto superficial das coisas, quanto a técnica de tratamento das coisas. O pensamento comum é a forma ideológica do agir humano de todos os dias. Todavia, o mundo que se manifesta ao Homem na práxis fetichizada não é o mundo real, embora tenha a consistência e a validez do mundo real, é o mundo da aparência.

Nessa direção, o conhecimento da realidade é condição essencial numa prática pedagógica crítica. Assim sendo, os indivíduos das camadas populares, através da assimilação dos conteúdos políticos e sociais da EDH, poderão superar parte do senso comum ao qual estão impregnados, possibilitando a estes um olhar crítico sobre a sociedade em que vivem.

Quando utilizamos a terminologia "crítica" para referir-nos às teorias educacionais, de acordo com Duarte (2006), definimo-las como perspectivas que partem da "visão de que a sociedade atual se estrutura sobre relações de dominação de uma classe social sobre outra e de determinados grupos sociais sobre outros", por isso defendem "a necessidade de superação dessa sociedade" (p. 94). Diante desse postulado, as teorias críticas "procuram entender como e com que intensidade a educação contribui para a reprodução dessas relações de dominação" (DUARTE, 2006, p. 94).

Entretanto, é importante enfatizar que, embora acreditemos que a educação em Direitos Humanos possa contribuir para amenizar os problemas ambientais, pois reconhecemos a mesma como uma prática social que pode criar condições para realização de transformações, não a consideramos como o único ou principal instrumento de mudanças de estruturas políticas, econômicas ou culturais.

Entendemos que a EDH pode contribuir para que transformações se efetivem, na medida em que colaborar para a formação de sujeitos autônomos, ou seja, sujeitos com autonomia física, intelectual e da vontade e, portanto, capazes de assumir o compromisso de participar da organização da sociedade e, sendo assim, de exercer a cidadania. Em suma, a EDH é um processo educativo comprometido com a construção da cidadania ativa dos(as) estudantes.

Sendo a mobilização dos(as) estudantes de vital importância para a proteção ambiental, grande é a responsabilidade do(a) professor(a), pois, apenas com a educação e informação do público é que ele(a) pode passar a ter o poder de voz. Acreditando que a educação é um instrumento de conscientização, encontra-se nela uma aliada contra as desigualdades sociais.

Em suma, o estudo do local por meio do currículo integrado propõe aliar teoria e prática, formação e ação, reforçando a concepção de que é preciso construir novas práticas pedagógicas promotoras dos direitos humanos. Trata-se de assumir uma postura dialética que lhe permita captar e representar com os(as) estudantes o movimento sócio-histórico e temporal das sociedades, as contradições, as especificidades, as particularidades, sem perder de vista a totalidade. A formação da consciência histórica pressupõe a compreensão do "eu" no "mundo", como dinâmica, movimento e transformação para o exercício da cidadania ativa.

4. MÍDIA E CULTURA INFANTOJUVENIL: A PRÁTICA DA EDUCAÇÃO EM DIREITOS HUMANOS INCORPORANDO NOVAS LINGUAGENS

A juventude tem sido considerada como uma categoria social que reúne sujeitos que compartilham a mesma fase de vida. O conceito de juventude adquiriu inumeráveis significados: serve tanto para designar um estado de ânimo, como para qualificar o novo e o atual, inclusive chegou-se a considerar como um valor em si mesmo.

Segundo Novaes (1998), tamanha é a pluralidade na maneira de existir da população jovem, que o termo adequado para empreender qualquer análise sobre este segmento deve vir sufixado também no plural: *juventudes*. Ao lado do reconhecimento da diversidade que impõem a letra "s" na expressão, reside à sobreposição entre aquilo que se concebe como fase de vida, e a vida propriamente dita dos sujeitos em questão.

Nesse sentido, jovens (sujeitos) e juventude (fase de vida) aparecem muitas vezes como sinônimos.

Dessa forma, os estudos de Ariès (1981) indicam que: a criança, o(a) adolescente, o(a) jovem, o(a) idoso(a), a família, precisam ser compreendidos dentro de sua sociedade e de seu tempo. Assim, cada época e cada sociedade definem de maneira diferenciada o que é ser jovem.

Ao pensarmos a realidade brasileira devemos evitar o equí-voco de tomar uma parte da juventude como sendo seu todo, imaginando que esta constitui uma unidade social que compartilha naturalmente dos mesmos anseios e objetivos. Pois, como afirma Novaes (1998) tal movimentação incorre no risco de pasteurização das juventudes ignorando as diferenças de cunho: econômico, racial, étnico, de gênero entre outras. Constata-se com isto uma pluralidade do que se configurou chamar de juventude.

Enquanto categoria etária, que também é válida primariamente para a adolescência, podem ser feitas algumas considerações e precisões de acordo com os contextos sociais, e as finalidades com que se deseja utilizar esta dimensão sociodemográfica. Logicamente que por si só a categoria etária não é suficiente para a análise do(a) adolescente e do(a) juvenil, mas é necessária para marcar algumas delimitações iniciais e básicas, mas não orientadas na direção de homogeneizar estas categorias etárias para o conjunto dos sujeitos que têm uma idade em uma determinada faixa.

Neste sentido, em conceituá-lo, buscamos definir o(a) jovem como sujeito de direitos. O sujeito jovem ficou pouco acessível conceitualmente e difícil de tipificar um conjunto de características de marco teórico, como, o(a) trabalhador(a), o(a) índio(a), o(a) intelectual, o(a) político(a).

Portanto, o aspecto plural destacado, indica a heterogeneidade da categoria juventude, sendo inclusive mais interessante seu uso no plural, juventudes, ressaltando assim a imensa diversidade econômica, social e cultural presente nesse segmento em geral definido pela faixa etária.

Nota-se a problemática da definição da categoria juventude. Se por um lado, afirma-se uma dimensão comum ao segmento juvenil, quando se tem em vista a questão geracional. Por outro lado, esse ethos demarca também as diferentes possibilidades de vida social entre os indivíduos desse segmento (ABRAMO, 1999).

Assim sendo, os dilemas e as perspectivas da juventude contemporânea estão inscritos em um tempo que conjuga um acelerado processo de globalização e crescentes desigualdades sociais. Pelo mundo afora, são os(as) jovens os(as) mais atingidos(as): tanto pelas transformações sociais, que tornam o mercado de trabalho restritivo e mutante, quanto pelas distintas formas de violência física e simbólica, que caracterizaram o final do século XX e persistem neste início do século XXI.

De acordo com Frigotto (2004), na atualidade o sistema capitalista para manter sua lógica de acumulação precisa destruir os direitos trabalhistas conquistados ao longo do século XX. Para os jovens da classe trabalhadora, a contradição ainda é maior pois o desemprego e a desocupação nos países periféricos são, principalmente, características entre os(as) jovens.

Segundo Novaes (1998) no presente momento histórico a tensão local-global se manifesta no mundo de maneira contundente: nunca houve tanta integração globalizada e, ao mesmo tempo, nunca foram tão profundos os sentimentos de desconexão e agudos os processos de exclusão. Sem qualquer paralelo em relação a outras gerações, em um mundo sem fortes ideologias, os(as) jovens de hoje se deparam com múltiplas evidencias da degradação socioambiental e com o aumento dos abismos sociais. **Como projetar o futuro tendo à frente a um elevado grau de incerteza sobre os caminhos para a inserção no mundo do trabalho?**

Segundo Novaes (1998), existem os medos (de sobrar e de morrer) somados a inseguranças advindas de processos de desterritorialização e novos fluxos migratórios e, ainda, às inseguranças advindas das questões ecológicas (traduzidas na expressão "aquecimento global") produzem também entre os(as) jovens desta geração um inédito sentimento de desconexão em um mundo tecnologicamente conectado.

Para Pochmann (2003), a educação é a mais importante dimensão da exclusão social, pois funciona como vetor para as demais dimensões das desigualdades.

Dentre esses vetores, há aqueles(as) que se mantêm invisíveis nas estatísticas, mas fortemente presentes no conjunto da população, como é o caso da desconfiança com que são vistos os(as) jovens, de maneira geral, e, em particular, os grupos de jovens negros(as) e jovens mulheres.

É nesse sentido que a atualidade apresenta novas maneira de existir, mas também parece intensificar velhos modos de segregação. Em tempos de globalização constata-se a fragmentação identitária, e a produção de resistências pautadas na localidade e em questões étnico-raciais.

Trata-se de efetivar a igualdade de oportunidades e de condições ante um direito inalienável da pessoa — a cidadania e os direitos humanos (CURY, 2002).

Assim, é preciso fazer a defesa da igualdade como princípio dos direitos humanos, da cidadania e da modernidade. Políticas de educação igualitária respondem por uma escolarização em que os(as) estudantes possuem os mesmos direitos, sem nenhuma discriminação de sexo, raça, etnia e religião.

Nessa direção, a hipervalorização da juventude e a ênfase no tempo presente são, portanto, ideias associadas que aparecem tanto nos textos de autores(as) acadêmicos(as) e/ou membros de ONGs quanto nos documentos dos organismos internacionais.

Para Novaes (1998) a implementação de direitos para os(as) jovens reafirma os já constituídos direitos à saúde, à educação de qualidade, à moradia, ao lazer e à segurança abre caminho para incorporar direitos específicos que possam inserir o(a) jovem no mundo atual.

Contudo, podemos dizer que esse padrão linear de políticas — cada vez mais — tem sido questionado pela realidade dos(as) jovens de hoje. Como vimos hoje os(as) jovens — de todas as classes e situações sociais — expressam insegurança e angústias ao falar das expectativas em relação ao futuro.

De maneira geral podemos dizer que os(as) jovens enfrentam enormes dificuldades de ingresso e permanência no mercado de trabalho; representam o contingente populacional mais atingido pelas distintas formas de violência; têm acesso restrito aos bens culturais; não têm assegurado o direito a uma educação de qualidade e não recebem tratamento adequado no tocante às políticas públicas de saúde e lazer. Porém, entre jovens surgem novos territórios de resistência e criatividade.

Na medida em que essas pessoas se mobilizam coletivamente para reivindicar seus direitos e lutar pela sua voz na sociedade, é mais fácil minimizar as injustiças, preconceitos e desigualdades sociais.

Ao longo da história nacional, os movimentos sociais de juventude contribuíram para a democratização da sociedade como também para as melhores condições de vida da população. Participaram ativamente dos movimentos abolicionista, tenentista, da semana de arte moderna de 1922, da consolidação do partido comunista brasileiro, fundaram a União Nacional dos Estudantes, organizaram o Fora-Collor. Os(as) jovens atuam junto à sociedade através de contextos culturais e da conjuntura política que se apresenta.

De fato, diversificaram-se os grupos juvenis e as possibilidades de ação coletiva. Hoje o movimento estudantil não é mais o único e mais legítimo porta voz da juventude e a vida política se resume aos sindicatos e partidos.

Dessa maneira, os efeitos danosos do imobilismo político podem ser vistos na vida diária de uma grande cidade brasileira, seja no espanto de uma consumidora diante da redução do volume da mercadoria no supermercado, no lamento de uma família pobre que teve seu filho morto durante uma incursão arbitrária da polícia no espaço popular ou no desamparo de jovens que dormem nas ruas, para citar somente alguns exemplos.

Os movimentos sociais revelaram claramente essa situação, ficando mais técnico e operacional, tendendo a abandonar a luta no terreno político-estatal para se concentrar na defesa de valores e direitos em escala mundial; ou seja, sofreram uma inflexão nos objetivos que os organizavam, deixando de colocar a oposição política para focalizar a gestão de políticas governamentais.

As organizações do terceiro setor são os atores sociais por excelência e, por isso, formam o que hoje se denomina sociedade civil. Na medida em que consistem no meio pelo qual os indivíduos podem entrar em atividade e em negociação visando a consecução de seus objetivos, são apresentadas como "células" de construção e consolidação da "democracia", "canais de participação social" (em lugar dos "tradicionais" partidos e sindicatos), espaços de manifestação do "pluralismo" e "liberdade".

De modo geral, essas têm sido as razões para significativas lutas na aplicação dos Direitos Humanos, principalmente, em alguns espaços sociais, entre eles a educação, e para o estímulo à participação da sociedade civil, inclusive da juventude.

Ao mesmo tempo, o direito concebido de forma politizada, com conteúdo do processo histórico que gerou sua conquista, é um avanço civilizatório para a sociedade, uma conquista coletiva.

Desse modo, as políticas públicas includentes corrigem as fragilidades de uma universalidade focalizada em todo e cada indivíduo e que, em uma sociedade de classes, apresenta graus consideráveis de desigualdade. Nesse sentido, as políticas inclusivas trabalham com os conceitos de igualdade e de universalização, tendo em vista a redução da desigualdade social. Portanto, a defesa incondicional dos direitos tem maior presença neste momento para os movimentos sociais.

Com efeito, como lembra Abramo (1997), não por acaso atualmente é muito mais diversificada a face social dos(as) jovens que se mobilizam. Se até os anos 1970 os(as) atores juvenis estavam restritos aos(as) jovens estudantes de classes médias, hoje, várias dessas formas de movimentação que vemos surgir se fazem entre jovens dos mais distintos setores sociais.

Nesse contexto, surge também uma (re)valorização da mobilização social e dos atores juvenis, cujo conjunto constitui a chamada sociedade civil. Assim, o(a) jovem é metaforicamente definido como o "ator principal" desse elenco da "sociedade civil" que atua num cenário considerado público. O indivíduo deve atuar, manter-se em atividade e em negociação com os(as) outros(as) atores sociais, criando novas alternativas acerca da matriz discursiva dos movimentos e, desta forma, lutando por políticas específicas juvenis.

Decreta-se, a partir disso, como afirma Ianni (1992), o novo e o velho, o arcaico e o moderno, instituindo-se as tradições e obsolescências, novidades e inovações, modernidades e pós-modernidades, enfim, demarcações que geram rupturas, que definem o presente, que recriam e/ou rejeitam o passado, e que, de tal modo, constroem os movimentos da história.

Segundo Novaes (1998), nos setores populares urbanos e rurais, proliferam hoje grupos ecológicos. Nesse cenário, antigas questões relacionadas ao lixo urbano ganham outra conotação por meio da chave de leitura ecológica que introduz a "reciclagem" no vocabulário político. Assim como, clássicas questões sobre os impasses da pequena produção agrícola frente a processos de concentração de terras ganham novas conotações frente a grupos de jovens em defesa da "sustentabilidade socioambiental", que flexibiliza as fronteiras entre as agendas de jovens rurais e Urbanos.

Também vale a pena falar dos grupos de afirmação de identidades. Jovens mulheres, por exemplo, falam em tripla jornada (trabalho fora/trabalho doméstico e estudo). Jovens de distintas diversidades sexuais denunciam tratamento desigual no sistema preventivo de saúde. Jovens indígenas demandam novas tecnologias de informação.

Vale destacar que uma das características mais evidentes dos meios de comunicação na cultura contemporânea é a sua crescente difusão no âmbito global: a cada dia uma nova tecnologia é desenvolvida visando comodidade e agilidade na vida humana. Internet, DVD, MP 3,4,5...

Portanto, junto a essas novas tecnologias surgem novas necessidades, dentre elas, a necessidade de integrar e desfrutar (com certo critério) dessas inovações na prática de ensino.

Assim sendo, um grande desafio enfrentado atualmente pelos(as) professores(as) na prática de ensino é o de considerar que o trabalho escolar insere-se numa sociedade plena de tecnologia, e que esta tecnologia tem modificado nossas formas de comunicação e de troca de informação.

Sem dúvida, as chamadas "novas tecnologias de comunicação" foram incorporadas e contribuíram para ações de grupos ambientalistas, identitários, culturais, questionadores do modelo atual de globalização. Cada vez mais jovens, — por iniciativa própria ou apoiados por projetos sociais governamentais e não governamentais — se articulam em espaços geograficamente mais amplos seja para realizar intercâmbios, seja para participar de articulações e mobilizações ligadas às suas específicas áreas de atuação; seja para participar de Campanhas e mobilizações ligadas a interesses/direitos mais amplos da sociedade em que vivem.

Segundo Novaes

> A despeito das desigualdades sociais e da chamada "exclusão digital", as técnicas de comunicação e os avanços da tecnologia de ponta fazem parte das várias dimensões da vida dos jovens de hoje, inclusive a dimensão religiosa. (1998, p. 17)

Evidenciamos o crescimento do ciberespaço como resultado de um movimento internacional de jovens ávidos(as) para experimentar, coletivamente, formas de comunicação diferentes daquelas que as mídias clássicas.

Dessa maneira, a mídia configura-se como instância socializadora caracterizada pela efemeridade das diferentes condições juvenis. Como propagadora da cultura de massa, a mídia carrega sempre o imperativo da instantaneidade e supostamente da novidade.

Se os veículos de comunicação têm se instituído como lugar privilegiado para ver e ouvir o mundo, esta realidade não parece estar restrita aos(as) jovens. De tal modo que a relação dos meios de comunicação com as questões culturais e educacionais tem ocupado papel importante nas discussões internacionais. Os estudos referentes aos meios de comunicação, e suas implicações na sociedade foram ganhando espaço nas ciências sociais à medida que a sociologia passou a considerar a importância da produção/reprodução simbólica na totalidade do fazer humano.

De acordo com Novaes,

> Em tempos de internet, as "redes juvenis" são meios para dinamizar o que já está constituído e, também, têm funcionado como ponto de partida para a construção de novos espaços de comunicação, identificação e ação. (1998, p. 19)

Diante do exposto, é fantástica e, sem duvida, a universalização das comunicações é o feito que definitivamente transcende a todos os demais processos, quebrando barreiras, fronteiras, distâncias e ao mesmo o tempo, é capaz de questionar fronteiras disciplinares, instigando professores(as) e pesquisadores(as) acerca da constituição das diferentes linguagens incorporadas pela juventude.

Assim, determinadas características do mundo de hoje devem ser levadas em conta para que possamos compreender comportamentos e ações dos jovens de hoje. Para tal é necessário compreender a atual apropriação desses meios pela cultura de massas e sua possível alteração para um espaço que potencialize práticas emancipacionistas. Refletir acerca da lan house, youtube, twitter, flickr e redes sociais, como um espaço de promoção da cultura dos direitos humanos é estrategicamente fundamental.

Nesse sentido, apresentaremos algumas reflexões, continuando a mesma linha discussão de momentos anteriores deste trabalho. Trata-se de um esforço para mapear distintos olhares sobre formas específicas de linguagens, apontando potencialidades, possíveis riscos, ciladas, vantagens e desvantagens nesse desafio metodológico, incorporando diversas linguagens no processo de compreensão da prática pedagógica em EDH.

Partindo para a discussão dessas novas demandas enquanto alternativas didáticas, essas linguagens transformam-se em recurso didático na medida em que são chamadas para responder perguntas adequadas aos objetivos do conteúdo ensinado. Um desses objetivos é o de promover o desenvolvimento da consciência histórica a partir do processo de transformação de conceitos espontâneos em conceitos científicos.

Dessa maneira, o(a) professor(a), no exercício cotidiano de seu ofício, incorpora noções, representações, linguagens do mundo vivido fora da escola, na família, no trabalho, nos espaços de lazer, na mídia etc. A formação do(a) estudante cidadão(ã) se inicia e se processa ao longo de sua vida nos diversos espaços de vivência.

Logo, todas as linguagens, todos os veículos e materiais, frutos de múltiplas experiências culturais, contribuem com a produção/difusão de saberes históricos, responsáveis pela formação do pensamento, tais como os meios de comunicação de massa — rádio, internet, TV, cinema etc.

Ao incorporar diferentes linguagens no processo de ensino, reconhecemos não só a estreita ligação entre os saberes escolares e a vida social, mas também a necessidade de reconstruirmos nosso conceito de ensino e aprendizagem. As metodologias de ensino, na atualidade, exigem permanente atualização, constante investigação e contínua incorporação de diferentes fontes em sala de aula.

Assim sendo, compreendemos essas novas linguagens (hip--hop; rap, grafite, internet; blogs, fotologs, páginas pessoais, fóruns de discussão etc.) como ferramentas cruciais do ponto de vista da aprendizagem e consideramos relevantes em utilizá-las como prática pedagógica em EDH, tendo como foco a formação do(a) estudante nos anos finais do Ensino Fundamental, conduzindo-o à participação política e o fortalecimento da democracia.

Com base no que foi exposto acreditamos ser relevante a linguagem não apenas com um veículo, mas é também como construtora da realidade social que respondam a necessidades coletivas da juventude. A intenção dessa problemática é a de partirmos do ensino da EDH pautado nas novas linguagens para formar os educando no verdadeiro espírito da cidadania ativa.

CONSIDERAÇÕES FINAIS

Tendo em vista que a partir da primeira década do século XXI a relação entre educação e direitos humanos tornou-se um dos elementos centrais na discussão de possíveis soluções para alguns problemas que permeiam o cotidiano escolar. Educar em Direitos Humanos passou a significar a esperança de uma possível intervenção capaz de dimensionar novas perspectivas para estudantes e professores(as) junto ao cotidiano escolar.

Diante do exposto ressalta-se a necessidade de explicitar os vínculos que constituem os elos entre teorias sociais e pedagógicas críticas e a Educação em Direitos Humanos.

Somente nessa explicitação é que as *práxis* de EDH podem se estruturar, construir, fortalecer e expandir.

Em função disso, dedicamos uma parte do livro para apresentar as novas mudanças no Ensino fundamental Anos finais e a incorporação do conceito de cidadania nos documentos oficiais das reformas neoliberais: suas características, sua composição e a forma com que as políticas educacionais vêm atuando no que concerne à cidadania.

Destacamos também de que forma podemos articular as Diretrizes Nacionais para a EDH e as novas orientações curriculares para os Anos Finais do Ensino fundamental frente as novas exigências de incorporar o conceito de cidadania no espaço escolar.

Assim, confirmamos que o principal desafio para efetivação da EDH no espaço escolar será romper a lógica gerencial que parece conduzir pragmaticamente as políticas educacionais. Tais políticas representam um fim em si mesmas, desconsiderando toda a gama de processos e peculiaridades que procuramos demonstrar neste estudo. Trata-se, pois, de sucumbir aos interesses imediatistas e neoliberais, o dispositivo da LDB que estabelece que a avaliação é processual, e com prevalência dos aspectos qualitativos sobre os quantitativos.

Desse modo, apesar dos documentos do Ensino Fundamental orientarem os(as) profissionais a partir de conceitos democráticos incorporados na perspectiva dos Direitos Humanos, entendemos ser inapropriado reduzir toda a complexidade dos contextos educacionais a uma política de avaliação que pretenda considerar o processo educativo como produto e não como processo, traduzindo-o em elementos mensuráveis e desconsiderando todos os demais aspectos que, se não contribuem rapidamente para o aumento do rendimento escolar, oportunizam, em médio prazo, uma formação integral do indivíduo e maior contato com conteúdos da cultura, expressão corporal e fortalecimento dos vínculos afetivos e de pertencimento à determinada realidade.

Nesse contexto, a EDH desponta como uma importante estratégia. Acreditamos que no momento de disputas ideológicas no campo educacional, a EDH apresenta-se como uma possibilidade da retomada política no campo educacional, desmistificando os resquícios da ideologia do pensamento único, baseada em resultados e metas, constituindo-se numa alternativa pedagógica para a construção de uma prática no Ensino fundamental Anos Finais promotora dos Direitos Humanos.

Na última parte do livro, nosso interesse foi mostrar a partir das discussões apresentadas, articuladas com elementos teóricos do marxismo (pedagogia histórico crítica) que é possível a EDH se apresentar como alternativa ao discurso conservador atual que confunde voluntariado e cidadania como "nova forma" de participação, mantendo o assistencialismo e a caridade intimamente associada às demandas do capital.

Cabe à vertente crítica debruçar-se sobre metodologias pedagógicas apropriadas para seus preceitos. Essas se alicerçam nas proposições que visam educar para construir outras formas de interioridade e exterioridades que não sejam as dos valores estabelecidos na sociedade capitalista.

Diante de tamanha problemática e das interações cruciais entre sociedade e educação evidencia que, dentre outros aspectos, à Educação em Direitos Humanos relacionada ao ambiental deve incluir as dimensões de criar outras formas de organização do trabalho e da produção, interagindo subjetividades e objetividades.

Esse é um ponto especialmente importante, sobretudo quando se indaga a respeito dos reais objetivos de formar para cidadania a partir de políticas conservadoras. Fala-se muito na importância de formar cidadãos(ãs) por meio da educação, atribuindo-se ao sistema escolar uma função que deveria pertencer à sociedade como um todo. **Mas afinal, de que cidadania estamos falando?**

Durante a movimentação política dos anos 80, no Brasil, as noções de direitos e de cidadania ocuparam posição central. *Grosso modo*, ciências sociais e sociedade organizada compartiam uma concepção de cidadania referendada na conjuntura social e

política em que ocorriam os esforços pela redemocratização do país. A noção de cidadania de então supunha uma nítida distinção entre espaços público e privado, além da construção da noção de direitos por meio de uma intensa mobilização política.

Nesse sentido, as apropriações da categoria cidadania (MARINHO, 2003) incorporadas pelas políticas conservadoras neoliberais confunde o(a) professor(a) da educação diante da rotina apressada pela exploração de sua elevada carga horária de seu trabalho.

Por isso colocamos necessidade de discutir a relação entre o Ensino Fundamental e a construção da cidadania ao longo do livro, pois por trás do aparente consenso no entendimento do termo, existe um campo de disputa no jogo de interesses ideológicos, ou seja, na medida que os indivíduos interiorizam o valor mercantil e suas relações com o padrão dominante de interpretação dos mundos possíveis, passam a aceitar o próprio mercado como âmbito no qual devem desenvolver-se como pessoas humanas.

Portanto, justamente por discordar desse modelo perverso, a EDH pautada nos seus princípios e fundamentos pela democracia radical, apresenta uma concepção a partir da qual se possa pensar em educação para o exercício da cidadania ativa, em conformidade com os estudos de Benevides (2003).

Diferente de Benevides (2003) no qual referenda os movimentos sociais e populares e outras formas de participação direta na vida política, no discurso atual desaparecem, sendo substituída pela ideia individual de "fazer a sua parte", confundindo cidadania e voluntariado como formas de "participação".

Trata-se, portanto, de uma reflexão pautada no método dialético que possibilita ao(a) professor(a) o desenvolvimento da capacidade de refletir com profundidade e rigorosidade sobre os desafios na construção de uma prática pedagógica da EDH nos Anos Finais do Ensino Fundamental.

Desse modo, partimos da hipótese de que qualquer proposta de transformação no interior do espaço escolar depende, em especial, da compreensão e do apoio dos(as) profissionais da educação, por certo sem desconsiderarmos os determinantes socioeconômicos e políticos em que a escola e os que nela estudam ou trabalham estão inseridos.

É sabido que a formação do indivíduo não se dá estritamente no âmbito da instituição escolar, mas, a escola é legitimada socialmente como o *lócus* dessa formação (DUARTE, 2001). Com isso, a educação escolar tem como objetivo central reproduzir intencionalmente em cada indivíduo a humanidade que é produzida social e historicamente (SAVIANI, 2000). Assim, é necessária a identificação dos elementos culturais que serão assimilados e as formas adequadas de desenvolvimento do trabalho pedagógico. Por meio do currículo, a escola seleciona e organiza temporal e espacialmente os saberes que serão transmitidos e assimilados pelos(as) estudantes.

Logo, é compreensível o valor adquirido pela escola na sociedade: uma mediadora entre as gerações passadas e as gerações futuras (ARENDT, 1972). Entretanto, ao mediar às gerações, ela deve possibilitar cada vez mais ao indivíduo tornar-se um ser histórico-social consciente.

Ao tentarmos problematizar as questões orientadoras deste trabalho, gostaria de lembrar Hanna Arendt em sua obra "entre o passado e o futuro". A autora afirma que a educação, no sentido amplo da palavra, "está entre as atividades mais elementares e necessárias da sociedade humana" (1972, p. 234).

Dessa forma, a educação, ao passo que intermedeia a apropriação dos conhecimentos pelos indivíduos, tem como pressuposto assegurar que esse processo ocorra de forma esclarecida e crítica. Isso porque o trabalho educativo deve visar além da assimilação de conhecimento e informações (SAVIANI, 2000), também a formação e amadurecimento da consciência do(a) estudante como sujeito em uma sociedade.

Podemos observar que o trabalho educativo diz respeito à cultura historicamente produzida. Por meio do trabalho, o ser humano se objetiva, de início, para atendimento de carecimentos básicos. Mas à medida que incorpora, de forma crescente, às suas atividades, elementos e processos da natureza, passa a produzir segundo novos imperativos (não mais somente orgânicos), ligados às necessidades sociais e assim, a produção humana universaliza-se ao longo da história (MARX, 1984).

Tendo em vista a riqueza produzida pelos seres humanos, a formação dos indivíduos deve humanizá-los, ou seja, garantir-lhes a apropriação da cultura.

Assim, educar em EDH é formar, socializar o ser humano para não se destruir, destruindo o mundo, e isso pressupõe comunicação, transmissão, reprodução. Daí a célebre frase de domínio público: "sem reprodução não há educação e sem educação não há reprodução". Essa ideia justifica o fenômeno da escolarização universal no século XX. A educação escolar passa a ser um direito universal dos homens. O mundo contemporâneo tornou-se impensável sem escola.

A função, a responsabilidade da educação escolar e de todos os mecanismos educativos é a socialização, a preservação da experiência humana entendida como cultura.

Em síntese, sem falar em conclusões, e sim ressaltando novas inquietações, a reflexão desenvolvida pela pedagogia histórico-crítica busca propor novos caminhos para que a prática pedagógica em EDH não seja esvaziada pela falta de soluções e organização metodológica do pensamento.

Finalizando, a realização de uma prática em EDH nos Anos Finais do Ensino Fundamental que favoreça a formação para cidadania ativa no espaço escolar exige dos(as) profissionais a importância de compreender a necessidade da teoria e utilizá-la coerentemente com seus postulados para que a proposta metodológica da pedagogia histórico-crítica não seja incorporada como um receituário, garantindo aos(as) dominados(as) aquilo que os dominantes detêm, de forma a contribuir para a luta pela superação de sua condição de exploração.

ESTAÇÃO DO(A) PROFESSOR(A)

Cinedica

Título: **A comercialização da infância (Consuming kids)** Ano: 2008
Gênero: Documentário Duração: 66 min
Direção: Adriana Barbaro e Jeremy Earp

TEMA: Trata de como as grandes corporações utilizam-se da infância para gerar lucros gigantescos, vendendo todo o tipo de produtos, muitas vezes, de forma desonesta, desumana e pouco ética, tornando-as vulneráveis na idade mais delicada de suas vidas. Cada vez mais substitui-se a brincadeira de rua pela tela de TV ou computador. Com isso as crianças estão tornando-se mais obesas e menos atentas.

Título: **Quem são essas mulheres?** Ano: 2006
Gênero: Documentário Duração: 20 min
Direção: Débora Diniz

TEMA: O tema é o aborto de fetos sem cérebro e o drama das mulheres que não é levado em consideração. Este é um filme de Debora Diniz, produzido por Anis — Instituto de Bioética, Direitos Humanos e Gênero e pela produtora Imagens Livres. O que motivou este filme foi uma pergunta de um ministro do Supremo Tribunal Federal enquanto julgava o caso da permissão de aborto legal para situações de gestação de fetos sem cérebro (morrem antes do parto ou logo após este). E um deles perguntou: quem são essas mulheres? Durante alguns meses, em 2004, as mulheres puderam realizar abortos com base em uma decisão liminar da Justiça. É uma das faces do debate sobre o aborto no Brasil. Vale a pena ver e debater.

Título: **Pequeno grão de areia**   Ano: 2005
Gênero: Documentário   Duração: 61 min
Direção: Jill Freidberg

TEMA: O filme trata de como a destruição da educação é um projeto articulado a partir de diretrizes internacionais. Retrata a luta dos(as) professores(as) de Oaxaca no México. O baixo nível das escolas para a população não é um produto da incompetência, mas sim da conivência para formar uma geração de semiescravos, de mão de obra barata. O filme proporciona excelentes discussões sobre o que representa a educação na sociedade capitalista neoliberal. Um documentário que todos(as) os(as) professores(as) do mundo deveriam ver.

Título: **Mulheres invisíveis**   Ano: 2011
Gênero: Documentário   Duração: 15 min
Direção: Bruna Provazi

TEMA: Documentário expõe a enorme diferença de reconhecimento entre o trabalho do homem e da mulher. O desmerecimento do trabalho doméstico, por apenas não ter cifra no sistema capitalista, a diferença salarial entre os sexos desempenhando a mesma função, a dupla jornada de trabalho das mulheres mostram como ainda a sociedade brasileira ainda está longe de ser igualitária.

Título: **Uma cidade sem passado**   Ano: 1990
Gênero: Drama   Duração: 90 min
Direção: Michael Verhoeven

TEMA: Sonja, uma adolescente da Bavária, quer escrever um ensaio sobre o impacto do nazismo em sua aldeia. Rapidamente ela se transforma em objeto de escárnio dos habitantes da cidade, que têm muito a esconder. Mas a provinciana e católica Pfilzing não consegue abater o ânimo da jovem, que decide lutar sozinha contra os poderosos locais para obter os arquivos de perseguição aos judeus e comunistas.

Webdica

www.direitoshumanos.usp.br

TEMA: A Biblioteca Virtual de Direitos Humanos da Universidade de São Paulo, criada pela sua Comissão de Direitos Humanos, é um serviço que a Universidade de São Paulo coloca à disposição dos interessados um acervo fantástico com documentos, artigos, eventos e notícias.

<www.forumedh.org.br>

TEMA: O propósito do fórum é articular diversas entidades que trabalham pela Educação em Direitos Humanos, reunindo diversas atividades que visam formular atividades a respeito da cultura universal de Direitos Humanos.

<www.andi.org.br>

TEMA: Site voltado para uma cultura de promoção dos direitos da infância e da juventude, dos direitos humanos, da inclusão social e da democracia participativa. As ações da Andi estão fundamentadas na promoção e no fortalecimento de um diálogo profissional e ético entre as redações, associações da imprensa, faculdades de comunicação, poderes públicos, organismos internacionais, setor privado e sociedade civil.

\<www.sedh.gov.br/clientes/sedh/sedh/promocaodh\>

TEMA: Site da Secretaria de Direitos Humanos (SDH) destinado a divulgação dos programas, ações e políticas do Governo Federal voltadas para a promoção e proteção dos direitos humanos. A Secretaria de Direitos Humanos (SDH) coloca à disposição um acervo com documentos, livros e cartilhas sobre Direitos Humanos e Educação em Direitos Humanos.

\<www.mec.gov.br\>

TEMA: Site do Ministério da Educação contendo diversas informações sobre a educação no Brasil, programas, projetos e notícias. Destacamos o espaço da Secretaria de Educação Continuada, Alfabetização, Diversidade e Inclusão (Secadi), voltado a valorização das diferenças e da diversidade, a promoção da educação inclusiva, dos direitos humanos e da sustentabilidade socioambiental visando a efetivação de políticas públicas transversais e intersetoriais.

\<www.juventudeconectadaaosdireitos.blogspot.com\>

TEMA: O objetivo do blog é repassar informações e trocar conhecimento. O blog surgiu pelo projeto Portal dos Direitos da Criança e do Adolescente, com intuito de gerar discussões entre jovens e adolescentes sobre os nossos direitos, já que em outros espaços de discussão vemos isso feito de maneira muito formal. O blog foi criado para poder gerar discussões, conhecimento, polêmica e mais pessoas gerando conhecimento sobre direitos.

\<www.viracao.org\>

TEMA: Site voltado para o público infantojuvenil e educadores(as). O conteúdo tem como objetivo fomentar e divulgar processos e práticas de educomunicação e mobilização entre jovens, adolescentes e educadores para a efetivação do direito humano à comunicação e para a transformação socioambiental.

\<www.eticanatv.org.br\>

TEMA: O objetivo do site é promover o respeito aos direitos humanos e à dignidade do cidadão nos programas de televisão. Apresenta notícias da campanha "Quem Financia a Baixaria é contra a Cidadania".

\<www.deigualaigual.net\>

TEMA: Site diferente, democrático e plural, onde todos possamos ter voz própria e, ao mesmo tempo, gerar um espaço de diálogo aberto, aproveitando ao máximo o nosso direito humano à liberdade de expressão, que inclui os direitos de informar e de ser informado. O conteúdo é rico em informações, atualidades, fotografias e colunas especiais.

REFERÊNCIAS

ABRAMO, H. W.; FREITAS, M. V.; SPOSITO, M. P. (Org.). *Juventude em debate*. São Paulo: Ação Educativa/Cortez, 1997.

ABRAMO, H. W.; VENTURI, G. Juventude, Política e Cultura. *Teoria e Debate*, Revista da Fundação Perseu Abramo, n. 45, jul./ago./set. 1999.

ADORNO, Theodor W.; HORKHEIMER, Max. *Dialética do esclarecimento*. Tradução de Guido Antônio de Almeida. Rio de Janeiro: Zahar, 2000.

ARENDT, H. *Entre o passado e o futuro*. São Paulo: Perspectiva, 1972.

_____. *A condição humana*. Rio de Janeiro: Forense, 1989.

ARIÈS, Philippe. *História social da criança e da família*. 2. ed. Tradução de Dora Flaksman. Rio de Janeiro: Zahar, 1981.

ARROYO, Miguel. Educação e exclusão da cidadania. *Educação e Cidadania. Quem Educa o Cidadão*. São Paulo: Cortez, 2007.

BENEVIDES, M. V. Democracia e Cidadania. In: BOAS, Renata Villas et al. (Org.). *Participação popular nos governos locais*. São Paulo: Pólis, 1998.

_____. Educar para a democracia. *Revista Lua Nova*, São Paulo: Cedec, n. 38, p. 223-238, 1998.

_____. Educação em direitos humanos: de que se trata? In: BARBOSA, R. L. L. B. (Org.). *Formação de educadores:* desafios e perspectives. São Paulo: Ed. da Unesp, 2003.

_____. *Cidadania ativa*: referendo, plebiscito e iniciativa popular. São Paulo: Ática, 2004.

_____. *O orçamento participativo e socialismo*. São Paulo: Fundação Perseu Abramo, 2000.

BENEVIDES, M. V. *A questão social no Brasil*: os direitos econômicos e sociais como direitos fundamentais, 2007. Disponível em: ‹http://www.hottopos.com/vdletras3/vitoria.htm›. Acesso em: 8 abr. 2012.

BOBBIO, Norberto. *A era dos direitos*. Rio de Janeiro: Campus, 1992.

_____. *O futuro da democracia*: uma defesa das regras do jogo. Rio de Janeiro: Paz e Terra, 2000.

BOSCO, João. As relações de trabalho numa sociedade capitalista. *Revista Tecnologia e Sociedade*, Curitiba, n. 2, 2003.

BRASIL. *Constituição (1988)*. Constituição da República Federativa do Brasil. Brasília: Senado, 1988.

_____. Lei n. 9.394, de 20/12/1996. Estabelece as Diretrizes e Bases da Educação Nacional. Brasília, 1996.

_____. *Parâmetros curriculares nacionais*: introdução. Terceiro e quarto ciclos do ensino fundamental. Brasília: MEC/SEF, 1998.

_____. Congresso Nacional. Projeto de Lei n. 7.672/2010. Altera a Lei n. 8.069, de 13 de julho de 1990, que dispõe sobre o Estatuto da Criança e do Adolescente, para estabelecer o direito da criança e do adolescente de serem educados e cuidados sem o uso de castigos corporais ou de tratamento cruel ou degradante.

_____. Parecer CEB n. 4, de 29 de janeiro de 1998. Diretrizes Curriculares Nacionais para o Ensino Fundamental. Brasília, 1998.

_____. Lei n. 10.172/2001. Aprova o Plano Nacional de Educação. Brasília, 2001.

_____. *Programa Nacional de Direitos Humanos II*. Brasília: Ministério da Justiça, 2002.

_____. Conselho Nacional de Educação. Resolução n. 01, de 17 de junho de 2004. Dispõe sobre as diretrizes curriculares nacionais para a educação das relações étnico-raciais e para o ensino de história e cultura afro-brasileira e africana. Brasília, jul. 2004.

_____. Ministério da Educação. Secretaria de Educação Básica. *Ensino Fundamental de Nove Anos. Orientações Gerais*. Brasília, 2004.

_____. Ministério da Educação. Secretaria de Educação Básica. *Ampliação do Ensino Fundamental para Nove Anos. Relatório do Programa*. Brasília, 2004.

_____. Parecer n. 3: MEC/CNE/CP. Brasília, 2004.

Educar em Direitos Humanos e Formar para Cidadania... 147

BRASIL. Lei n. 10.639, de 9 de janeiro de 2003. Ministério da Educação. Diretrizes Curriculares Nacionais para a Educação das Relações Étnicos Raciais e para o Ensino de História e Cultura Afro-Brasileira e Africana. Brasília: MEC/ SEDH, 2005.

_____. Programa Nacional de Direitos Humanos I. Brasília: Ministério da Justiça, 1996.

_____. Lei n. 11.114/2005. Altera os arts. 6º, 30, 32 e 87 da Lei n. 9.394/1996, com o objetivo de tornar obrigatório o início do ensino fundamental aos seis anos de idade. Brasília, 2005.

_____. Lei n. 11.183/2005. Dá nova redação à Lei n. 9.394/1996, que estabelece as diretrizes e bases da educação nacional. Brasília: MEC, 2005.

_____. Lei n. 11.274/2006. Altera a Lei n. 9.394/1996, que estabelece as diretrizes e bases da educação nacional, dispondo sobre a duração de 9 (nove) anos para o ensino fundamental, com matrícula obrigatória a partir dos 6 (seis) anos de idade. Brasília, 2006.

_____. Lei n. 11.769. Altera a Lei n. 9.394/1996, Lei de Diretrizes e Bases da Educação, para dispor sobre a obrigatoriedade do ensino da música na educação básica.

_____. Lei n. 11.645. Altera a Lei n. 9.394/1996, modificada pela Lei n. 10.639/2003, que estabelece as diretrizes e bases da educação nacional, para incluir no currículo oficial da rede de ensino a obrigatoriedade da temática "História e Cultura Afro-Brasileira e Indígena".

_____. Plano Nacional de Implementação das Diretrizes Curriculares Nacionais para Educação das Relações Etnicorraciais e para o Ensino de História e Cultura Afrobrasileira e Africana.

_____. Ministério da Educação. Secretaria de Educação Básica. *Ensino Fundamental de Nove Anos*: orientações para a Inclusão da Criança de Seis Anos de Idade. Brasília, 2006.

_____. Comitê Nacional de Educação em Direitos Humanos. *Plano Nacional de Educação em Direitos Humanos*. Brasília: SEDH, 2006.

_____. Ministério da Educação. *Indagações sobre currículo*. Brasília, 2007.

_____. Ministério da Educação/SECAD. Gênero e diversidade sexual na escola: reconhecer diferenças e superar preconceitos. *Caderno SECAD 4*. Brasília: MEC/SECAD, 2007.

BRASIL. Parecer MEC/CNE/CP n. 8/2012. Diretrizes Curriculares Nacionais para a Educação em Direitos Humanos. Brasília: MEC/CNE, 2012.

_____. Diretrizes Nacionais da Educação em Direitos Humanos. Brasília: SEDH/MEC/CNE, 2012.

CANDAU, Vera Maria. A didática e a formação de educadores — da exaltação à negação: a busca da relevância. In: _____ (Org.). *A didática em questão*. Petrópolis: Vozes, 2006. p. 13-24.

_____. Educação em direitos humanos e formação de professores. In: SACAVINO, S.; CANDAU, V. M. (Org.). *Educação em direitos humanos: temas, questões e propostas*. Rio de Janeiro: DP et Alli Editora, 2008.

_____; SACAVINO, Susana (Org.). *Educar em direitos humanos*: construindo democracia. Rio de Janeiro: DP&A, 2000.

_____; MOREIRA, A. F. B. *Indagações sobre currículo*: currículo, conhecimento e cultura. Brasília: Ministério da Educação, Secretaria de Educação Básica, 2007.

_____ et al. Sociedade, direitos humanos e cidadania: desafios para a educação no Brasil. In: _____; SACAVINO, Susana (Org.). *Educação em direitos humanos*. Petrópolis: DP et Alli Editora, 2008.

_____. Programa Brasil sem Homofobia 2004. Disponível em: ‹http://bvms.saude.gov.br›. Acesso em: 30 ago. 2012.

CAPUCHO, Vera Alves Crispim. *Naus espanholas em terras brasileiras em tempos de ventos neoliberais*: a concepção globalizadora em educação e a formação para cidadania. UFPE/CE, 2008.

CHAUI, Marilena. Política cultural, cultura política e patrimônio histórico. In: VV.AA. *O direito à memória*: patrimônio histórico e cidadania. São Paulo: Secretaria Municipal de Cultura, 1989.

_____. Vocação política e vocação científica da universidade. *Revista Educação Brasileira*, Brasília, v. 15, n. 51, p. 11-26, 2. sem. 1992.

CORREA, Bianca Cristina. Crianças aos seis anos de idade no ensino fundamental: desafios à garantia de direitos. In: REUNIÃO ANUAL DA ANPED, 30., *Anais...*, 2007, Caxambu: Anped, 2007.

CORTELLA, M. S. *A escola e o conhecimento*: fundamentos epistemológicos e políticos. 3. ed. São Paulo: Cortez/Instituto Paulo Freire, 1995.

COSTA, Antonio Carlos Gomes da. *Protagonismo juvenil*: adolescência, educação e participação democrática. São Paulo: FTD, 2008.

COUTINHO, Carlos Nelson. Cidadania, democracia e educação. *Revista Ideias*, São Paulo: FDE, n. 24, 2000.

CURY, C. R. J. Direito à educação: direito à igualdade, direito à diferença. *Cadernos de Pesquisa*, n. 116, p. 245-262, jun. 2002.

_____. *Ideologia e educação brasileira*: católicos e liberais. 4. ed. São Paulo: Cortez/Autores Associados, 2008.

D'AMBROSIO, U. *Etnomatemática*. São Paulo: Ática, 1990.

DECLARAÇÃO DOS DIREITOS HOMEM E DO CIDADÃO. São Paulo: Imprensa Oficial, dez. 2001.

DUARTE, N. Formação do indivíduo, consciência e alienação: o ser humano na psicologia de A. N. Leontiev. *Cadernos Cedes* [on-line], v. 24, n. 62, p. 44-63, 2007 [citado 2007-05-12]. Disponível em: ‹http://www.scielo.br/›. Acesso em: 5 mar. 2012.

_____. *Conhecimento tácito e conhecimento escolar na formação do professor* (por que Donald Schön não entendeu Luria). *Educ. Soc.* [on-line], v. 24, n. 83, p. 601-625, 2006 [citado 2006-06-20]. Disponível em: ‹www.scielo.br›. Acesso em: 12 jun. 2012.

_____. *Vigotski e o aprender a aprender*: crítica às apropriações neoliberais e pós-modernas da teoria Vigotskiana. Campinas: Autores Associados, 2000.

_____. *Educação escolar, teoria do cotidiano e a escola de Vigostski*. Campinas: Autores Associados, 2001.

_____. *A individualidade para si*: contribuição para uma teoria histórico-social da formação do indivíduo. Campinas: Autores Associados, 1993.

FERREIRA, Luiz Antônio Miguel de. *O estatuto da criança e do adolescente e o professor*. São Paulo: Cortez, 1993.

FREITAS, Luiz Carlos de. *Uma pós modernidade de libertação*: reconstruindo as esperanças. Campinas: Autores Associados, 2011. (Col. Polêmicas do nosso tempo.)

FRIGOTTO, G. *A produtividade da escola improdutiva*: um (re)exame das relações entre educação e estrutura econômico-social e capitalista. São Paulo: Cortez, 1992.

_____. *Educação e crise do capitalismo real*. São Paulo: Cortez, 2004.

GAULEJAC, Vincent de. Gestão como doença social. *Ideias e Letras*, 2007.

GRAMSCI, Antonio. *Concepção dialética da história*. 4. ed. Rio de Janeiro: Civilização Brasileira, 1991.

HOBBES, Thomas. *Leviatã ou matéria*: forma e poder de um Estado eclesiástico e civil. São Paulo: Abril Cultural, 1984. (Col. Os Pensadores.)

IANNI, O. *Teorias da globalização*. 4. ed. Rio de Janeiro: Civilização Brasileira, 1992.

_____. *A era do globalismo*. 2. ed. Rio de Janeiro: Civilização Brasileira, 1998.

KOSIK, K. *Dialética do concreto*. São Paulo: Paz e Terra, 1976.

JAPIASSU, H. *Interdisciplinaridade e patologia do saber*. Rio de Janeiro: Imago, 1976.

LOCKE, John. *Segundo tratado sobre o governo*. Tradução de E. Jacy Monteiro. São Paulo: Abril Cultural, 1983. (Col. Os Pensadores.)

MARINHO, Genilson C. *Os Parâmetros Curriculares Nacionais no contexto das reformas neoliberais*: o caso de Geografia. Dissertação (Mestrado) — UFPE, Recife , 2003.

MARSHALL, T. H. *Cidadania, classe social e "status"*. Rio de Janeiro: Zahar, 1967.

MARX, Karl. *A miséria da filosofia*. 2. ed. Tradução de José Paulo Netto. São Paulo: Global, 1984.

_____. ENGELS, F. *Textos sobre educação e ensino*. 4. ed. Tradução de Rubens Eduardo Frias. São Paulo: Centauro, 1992.

_____. ENGELS, F. *O capital*. Rio de Janeiro: Civilização Brasileira, 2008. Livro I, cap. XIII.

MÉSZÁROS, István. *O século XXI*: socialismo ou barbárie? São Paulo: Boitempo, 2003.

MONDAINI, Marco. *Direitos humanos*. São Paulo: Contexto, 2006.

NAHMIAS, Sandro. O direito ao trabalho da pessoa portadora de deficiência: o princípio constitucional da igualdade: ação afirmativa. *Revista da Associação de Pós-Graduação da Pontifícia Universidade Católica de São Paulo*, ano 8, n. 17, maio 1998.

NOVAES, Regina. Juventude, exclusão e inclusão social: aspectos e controvérsias de um debate em curso. In: FREITAS, Maria Virgínia de; PAPA, Fernanda de Carvalho. *Políticas públicas*: juventude em pauta. São Paulo: Cortez, 1998.

NOVAES, Regina. *Juventude, oportunidades e apostas*. Disponível em: ‹www. presidencia.gov.br/secgeral/juventude/arquivo_projovem/artigo4›. Acesso em: jun. 2005.

OLIVEIRA, D. A.; SOUSA, M. Z. L. Currículo nacional e avaliação: elementos para uma discussão. *Revista da AEC*, n. 100, p. 148-66, 2005.

OLIVEIRA, João Batista Araújo. *A pedagogia do sucesso*. São Paulo: Saraiva/ Instituto Ayrton Senna, 2007.

OLIVEIRA, Renato José. Ética e educação: a formação do homem no contexto de crise da razão. *Revista Brasileira de Educação*, São Paulo, Anped, v. 2, p. 33-41, maio/ago. 1996.

ONU. Declaração Universal dos Direitos da Criança, 1959. Disponível em: ‹http://pt.wikipedia.org./wiki/ONU›. Acesso em: set. 2012.

PINSKY, Jaime; PINSKY, Carla Bassanezi (Org.). *História da cidadania*. São Paulo: Contexto, 2003.

POCHMANN, Márcio. *Que fazer para gerar emprego no Brasil*. São Paulo, 2003. (Estudos Avançados; v. 49.)

SACAVINO, Susana (Org.). *Educar em direitos humanos*: construindo democracia. Rio de Janeiro: DP&A, 2007.

_____. *Democracia e educação em direitos humanos na América Latina*. Petrópolis: DP&A/De Petrus/Nova América, 2009.

SANTOMÉ, J. Torres. As culturas silenciadas no currículo. In: SILVA, T. T. (Org.) *Alienígenas na sala de aula*: uma introdução aos estudos culturais em educação. Petrópolis: Vozes, 1995.

SANTOS, Boaventura de Sousa. *Pela mão de Alice*: o social e o político na pós-modernidade. 2. ed. São Paulo: Cortez, 1996.

_____. *A gramática do tempo*: para uma nova cultura política. São Paulo: Cortez, 2006.

_____. *Renovar a teoria crítica e reiventar a emancipação social*. São Paulo: Boitempo, 2008.

_____. Dilemas do nosso tempo: Globalização, multiculturalismo e conhecimento. *Educação & Realidade*, Porto Alegre, Universidade Federal do Rio Grande do Sul, Faculdade de Educação, v. 26, n. 1, p. 13-32, 2001.

_____. *A crítica da razão indolente*: contra o desperdício da experiência. São Paulo: Cortez, 2006.

SANTOS, Boaventura de Sousa. *Reinventar a democracia*. 2. ed. Lisboa: Gradiva, 2002.

_____ (Org.). *Democratizar a democracia*: os caminhos da democracia participativa. Porto: Afrontamento, 2003.

_____. *O Fórum Social Mundial*: manual de uso. Porto: Afrontamento, 1998.

SANTOS, Milton. *O espaço do cidadão*. 7. ed. São Paulo: Ed. USP, 2006.

_____. *Técnica, espaço, tempo*. São Paulo: Hucitec, 1994.

_____. *Por uma geografia nova.*São Paulo: Edusp, 1998.

_____. *Território e sociedade no início do século 21*. São Paulo: Record, 2001.

SAVIANI, Nereide. *Educação e questões da atualidade*. São Paulo: Livros do Tatu; Cortez, 1991.

_____. *Saber escolar, currículo e didática*: problemas da unidade conteúdo/método no processo pedagógico. Campinas: Autores Associados, 1994.

_____. Filosofia da educação: crise da modernidade e o futuro da filosofia da práxis. In: FREITAS, Marcos Cezar de (Org.). *A reinvenção do futuro*. São Paulo: Cortez, 1997.

_____, Nereide. *Escola e democracia*. 34. ed. Campinas: Autores Associados, 2000.

_____. *Pedagogia histórico-crítica*. 8. ed. Campinas: Autores Associados, 2002.

_____. *História das ideias pedagógicas no Brasil*. Campinas: Autores Associados, 2007a. (Col. Memória da educação.)

SORRENTINO, M. *Educação ambiental e universidade*: um estudo de caso. Tese (Doutorado em Educação) — Faculdade de Educação, Universidade de São Paulo, São Paulo, 1994.

UNESCO. Convenção para a Prevenção e a Repressão do Crime de Genocídio (1948). Disponível em: ‹fdc.pgr.mpf.gov.br/atuacao-e-conteudos-de-apoio/legislacao/segurancapublica/convenca....crime_genocidio.pdf›. Acesso em: 4 jun. /2012.

_____. Pacto Internacional sobre Direitos Civis e Políticos (1996). Brasília, 1996.

WEISS, C. *Os direitos humanos contemporâneos*. São Paulo: Malheiros, 1994.